（改訂新版）

入門
政治学365日
political studies

中田晋自＋松尾秀哉＋柳原克行＋臼井陽一郎＋
小副川琢＋小松﨑利明＋平賀正剛＿＿＿＿＿＿編

Komatsuzaki Toshiaki＋Hiraga Masataka

April
March
May
February
January
Jury
August
September
October
November
December

石川裕一郎

園誠

川島佑介

金敬黙

林明仁

松本佐保

森分大輔

改訂新版

JN006710

改訂新版へのまえがき

　構想から何年もかけて世に出した『入門　政治学 365 日』が予想以上の評価を得て、その後の時代の変化を考慮した改訂新版を出版することとなった。何よりも大きいのは国際政治の変化である。米中関係の悪化、ロシアのウクライナ侵攻、ハマスとイスラエルの対立による新たな中東紛争の展開など、大きな事件が日々のニュースで報道されている。経済的には日本経済の不確実性もよりいっそう高まっていると言わざるをえない。

　またわたしたちは初版刊行以降に共通してコロナ禍を体験した。現在極端な行動制限はないものの、まだ完全には「マスク不要」ではなく、その着用は個人にゆだねられている。ワクチン接種も続いている。大学での対面での講義は、制限がありつつも復活したが、オンラインでの会議や講義も日常的なものとなり、いまや大学教員でオンラインで講義できない人は少数派になっているように思う。ものの見事に「連帯」や「絆」のあり方を変えてしまったように映る。

　こうした大きな変化のなかで、それに対応するというよりも、昔もいまも変わらず通底している、重要な考え方を学ぶことができるようにという思いで改訂新版の編集にあたった。解釈が困難な部分はできるだけ読みやすくするなど、「教える側」「学ぶ側」双方の目線に立ったつもりである。それでも各執筆者の書きぶりを極端に統一せず、それぞれ経験を積んだ教育者に、自身の「講義」を展開してもらった。その点は変わらない。

　日々国際情勢は変化しているが、本書を通じて政治学・国際政治学を学ぶことが、根底を貫く真理の探究の入り口になれば幸いである。

2024 年 4 月

改訂新版　編者

i

はじめに

　本書は、大学1年生を主な対象とした政治学および国際政治学の入門書です。政治学入門や原論などの講義や入学時の基礎ゼミなどで用いられることを想定して編集されています。

　最近の大学では、入学時の「初年次教育」が重要だと指摘されるようになって、テキストも非常にわかりやすく、噛み砕いた文体のものが増えてきました。本書も初年次教育を念頭につくられましたが、類書と比べると二つの特長があります。第一は、学生の皆さんの大学生活を想定して編集されていることです。各月ごとに、大学1年生の皆さんが経験するかもしれない「物語」が描かれています。名古屋出身の学生中原拓や基礎ゼミ担当となった足利先生などが物語をつくっていきます。

　この「物語」は、大学生の皆さんの実生活とはかけ離れているかもしれません。実際のところ、わたしたち執筆者が自分たちの学生時代を思い返して、「もっと勉強すればよかった。こうすればよかった。ああすればよかった」と反省しながら、筆を進めたものです。この「物語」を読んで押し付けがましく感じる場合もあるかもしれません。また、自分の生活と異なることがあるかもしれません。しかし、なにも落ち込んだり、誰かを責めたりする必要はありません。この「物語」を通じてわたしたちが伝えたいことは、身近な生活のなかに「政治学」や「国際政治学」を考えるできごとがたくさんあるということです。政治や国際政治はテレビのニュースや新聞で見聞きするだけの、どこかよその世界のできごとではなく、わたしたちの身近なところで起きていることであり、だからこそ無視できないということです。

　第二の特長は、最近の「わかりやすい」ていねいな教科書より、本書の解説はもう少し本格的だということです。政治学・国際政治学分野について、1年間で各地方公務員試験に対応できるだけの基礎力がつくレベルに揃えています。

得手不得手はあると思いますが、読んで理解するためには、わからないところを自分で調べたり、先生の解説が必要になったりするだろうと思います。最近のわかりやすい教科書は、ていねいに説明することに力を入れているために、肝心の「伝えたいこと」があまり書ききれていないものが多いようです。そして、それ以上に、それだけわかりやすく書いても、結局のところあまり伝わっていないという場合も見かけます。

　結局「理解する」ためには、わからないところを調べたり、考えたりしなければなりません。自分で考えることが大切なのです。読むだけですべてわかるのであれば、講義もゼミも必要がない。だからこの本は、やや難しめの内容となっています。難しい文章に触れて1週間予習や復習をして次の授業に臨むからこそ、授業は楽しく、大切になるはずです。この本はこの意味で、初年次に限らず、政治学や国際政治学の大学の授業で教科書として用いられることも想定しています。

　前半のテーマは、大方の大学の「政治学」（原論や入門講義）の進度にあわせて構成されています。後半は「国際政治学」（国際関係論などを含む）の進度にあわせて構成されています。各章ごとのトピックスを読みながら、それぞれのテーマがなにを言おうとしているか、どういう問題を考えなければいけないのかなどを読み取ってください。ゼミ等で発表する場合、各章ごとのトピックスをまとめる（レジュメをつくる）だけでかなりたいへんかもしれません。各先生の指導を十分にあおいでください。

　発表が終われば、また先生の講義が理解できれば、そのあとの「課題」に個人やグループで取り組んでみてください。もしくは、先に自力で本文を読んでこの課題に取り組んだうえで授業に参加するというやり方も効果的かもしれませんが、いずれにせよこの課題を通じて「考えること」、そして「話しあうこと」が大切です。その後さらに関心をもった人や、先生のご指導次第で、「読書案内」の本に取り組んでください。

　本書を執筆している著者たちは、いずれも大学で授業を受け持った経験のある人で、人によりやり方はいろいろありますが、それぞれに「教育熱心」と言われて、それぞれにファンの学生がおり、社会や大学院に卒業生を送り込んできた先生たちです。授業が終わると、親しく学生たちと授業の内容に

ついて質問を受けたり、就職や友人のことまで相談に乗ったりしています。どうぞ、そういう先生たちとの対話を思い浮かべながら、この本の内容を楽しんでください。大学生活はいましかありません。この本を通じて、いっそう充実した大学生活が送れますように。

2017 年 3 月

編　者

目　　次

足利正一（あしかが　しょういち）　御幸学院大学国際学部教授、学部長。あいかわらず熱い。最近は歳を感じつつも、研究に力を入れすぎて、日々、家族に健康を心配されている。

中原拓（なかはら　たく）　新1年。愛知県出身。根っからの名古屋人。野球好きで名古屋の球団のファン。下見に来たとき東京の人の多さ、華やかな感じにとまどいつつも、憧れている。

平尾正哉（ひらお　まさや）　新1年。東京都出身。付属校からの進学。趣味はYouTube。どうやら80年代アイドルのファンらしい。

福留幸恵（ふくどめ　ゆきえ）　新1年。奈良県出身。居酒屋でバイトしてがんばっている。ニックネームは「ママ」。

玉坪武子（たまつぼ　たけこ）　新1年。大阪府出身。ヒョウ柄、ブランドが大好き。アルバイトに力を入れて、よく銀座を歩いている。

拝村丈章（はいむら　たけあき）　足利ゼミ4年生。岐阜県出身で在京球団のファン。犬好きで保護犬活動に力を入れている。

安本ゆかり（やすもと　ゆかり）　足利ゼミ4年生。北海道出身。数学や統計に強く、よく経理をまかされる。最近は京都旅行に行っている。

岩川裕子（いわかわ　ゆうこ）　足利ゼミOB。2022年3月卒業。御幸学院大学大学院国際学研究科修士課程に在籍中。足利のもとで論文を執筆中。学部のTA（ティーチング・アシスタント）もしている。

松原勝之（まつばら　かつゆき）　足利ゼミOB。2022年3月卒業。地元（大阪）の医療メーカーで営業を担当。

伊郷章夫（いごう　あきお）　足利ゼミOB。2022年3月卒業。地元の都市ガス会社に就職。堅実な仕事ぶりと、強いリーダーシップで将来を嘱望されている。

平正隆（たいら　まさたか）　足利ゼミOB。2022年3月卒業。愛知県の大手自動車メーカーの子会社に就職。社長の娘とお付き合いを始めたところ。

 **4月**　**入学式**

今日は4月1日。御幸学院大学の入学式だ。

ここには東京在住の者、また付属校から進学した者、地方から上京してきてひとり暮らしを始める者などいろんな人が集っている。東京周辺が中心だが、全国から学生が集う総合大学だ。世界各地からの留学生もいる。特に欧州圏からの留学生が多いのが、この大学の特徴だ。しばらく母国でオンライン授業しか受けられなかった留学生の姿が、キャンパスに元気に戻ってきた。

この本の主人公のひとり、中原拓は国際学部で、実家は名古屋。国立大を受験して失敗したパターンだ。「本当は、俺はこんなところにいるはずじゃなかった」という思いを抱えながらも、「でも、ここで4年間頑張ってみようか」とも思っている。

入学式後、もうマスクをしていない隣の男子学生が話しかけてきた。

正哉：あ、はじめまして。僕は平尾といいます。よろしくお願いします。平尾正哉です。

中原もマスクをはずして挨拶した。

拓：どうも。中原拓といいます。ちょっと名古屋弁が強いけど、許してくださいね。

正哉：えー、名古屋なんですね。最近野球が面白くないんじゃないですか？　僕はここの付属校から来ました。国際学部ですか？

拓：そうなんよ。一緒？

下から覗き込むように、拓が尋ねた。

正哉：そうです。よろしくお願いします。

　とりあえず拓は挨拶をかわしたが、初対面の人と長く話すのは少ししんどかった。いったんトイレに行くふりをして、「このあとガイダンスでね」と、LINE を交換して別れた。今度、下から進学してきた友人を紹介してくれるらしい。明日以降のサークル紹介も一緒に回ることにした。
　入学式のあと、ガイダンスがあった。指定された教室へ行くと、すでに多くの学生が座っていた。どうも親子同伴に見える学生もいる。空いた席に座ると、すぐ隣の席の女子学生が話しかけてきた。

幸恵：こんにちは。よろしくお願いします。
拓：あ、こんにちは。
幸恵：わたしは福留幸恵といいます。
拓：どうも。中原拓です。よろしく。どこの出身ですか？
幸恵：わたしは奈良です。そちらは？
拓：名古屋です。
幸恵：けっこういろんなところから人が来ていますね。

　その女子学生は上品に返事をした。
　すると、教室に書類やらマイクやらを持った人たちが入ってきた。ひとりがおもむろにマイクを取り、「ご入学おめでとうございます。学部長の足利です。国際政治論を担当しています」と挨拶し始めた。
　挨拶後、横にいた教員が「教務を担当している柳田です。地域研究でフランスのことを教えています」と自己紹介していた。フランスのことってなんだろうか。興味もあるが、自分がついていけるのか、そんな不安が胸をよぎった。
　そもそも拓が国際学部を受験したのは、中堅のなかでは有名な私大の御幸学院大で、一番偏差値が高い学部でかっこよさそう、というあまりはっきりとしない動機からだった。コロナ禍を経験した世代として、海外に出ていくことができなくなってしまうことの恐さも感じていたから、語学を勉強すれ

ば就職に強いということもあまり信用できなくなっていた。しかし、だからこそ入りやすいのではないかという打算もあった。国立の独立大学法人を第一志望にしていた拓にとっては「すべり止め」だった。国立受験に失敗したとき、浪人も考えたが、親のこと、何より「浪人でいる」ことが恥ずかしくて、東京の御幸学院大への進学を決めた。1年浪人したところで、ここより格上の大学に合格する保証はなかったし、自信もなかった。名古屋を出る不安も強かったが、第一志望に落ちてしまった恥ずかしさから逃げたくもあった。東京で頑張ったら、かっこいいかなという思いもあった。

　いまからなにが始まるのだろうか。そんな不安のなか、関西なまりで「教務」という言葉を連発する柳田先生が、必ず登録する授業として「政治学」や必修の外国語について説明し始めた。次々と言われるがまま指定のマークシートを塗りつぶしていくと、「次に、基礎ゼミに登録してください」と言う。

　「基礎ゼミ」とは、どうやら1年生の必修科目（必ず出席し、一定の成績をおさめて単位を取得しなければ卒業できない授業）らしい。

　第1希望から第3希望まで書くようだ。希望者が殺到してかなわない場合は、機械的に振り分けるらしい。が、拓にまったく情報はない。最初から振り分けてもらったほうがいいくらいだ。

　隣の幸恵は、「この学部でさ、国際法を勉強したいんだよね。ジェノサイドとかに興味があって」と言って、大松崎という先生のゼミを志望していた。

　柳田先生はぶっきらぼうに「今日帰るまでに書いて、提出してください」と言う。焦る。教室は少しざわざわし始めた。みんな相談しているのだろう。

　すると、さきほどの平尾正哉がそっとやってきて、「あの前で挨拶した足利先生は人気があるらしいよ」と耳打ちしてくれた。

　（さすが付属上り。情報が多い。こういう時は頼りになるな）

　たしかに学部長の足利は、頼りがいのある兄貴分みたいだ。「国際政治」という言葉の響きにも、少しひかれた。

　結局、その声に押されるまま、足利ゼミを第1志望、幸恵が希望していた

3

大松崎ゼミを第2志望、さらに正哉いわく「不人気」という評判の小園ゼミを第3志望にした。小園先生は思想が専門らしい。正哉いわく、「思想」が難しそうで不人気なだけで「実はいい人」らしい。いったい、誰が先生を「いい人」と評価するのか。拓は苦笑しながらも、小園ゼミと書いておいた。どこかのゼミには、自分の選択で所属しておきたかったから、不人気な小園ゼミなら入れるかと思ったのだ。

　はたしてやっていけるのか。そんな不安を感じつつ、少し疲れて帰路についた拓は、心配してLINEを送ってきた両親に「大丈夫だから」と返信した。

　翌日所属ゼミが発表になった。拓は第1志望の国際政治の足利ゼミだった。あの軽い正哉も、なぜか大松崎ゼミを落ちた、上品な笑顔が印象的だった幸恵も一緒だった。ほかは見知らぬ名前ばかりだったが、初回は早速来週の月曜日だった。不安で急に名古屋に戻りたくなったが、こらえないといけないと思った。

　週末に正哉が吉祥寺でしゃぶしゃぶでも食べて遊ばないかと誘ってきたが、まだ部屋の片づけがあるので断った。寂しさはあったが、まだよくわからない人とつるむ気にはならなかった。週が明ければ「国際政治」の日々が始まるのだ。

　ゼミ初日、緊張して席に座っていた。正哉と幸恵が並んで話していたから、ちょうどその横に割り込んだ。「自分には仲間がいる」ように、ほかの人たちに見せたかったからだ。なぜだかはわからない。やがて足利先生が入ってきた。

　足利先生：みんな、こんにちは。1年間よろしく。このゼミでは国際政治学をやります。……

先生はいろいろ話しているが、あまり耳に入ってこない。どうやら国際政治という分野でもヨーロッパを専門とする先生のようだ。

　幸恵：その分野ではけっこう有名な先生らしいよ。

幸恵がつぶやいてきた。

（有名って、どういうことなんだろう？　テレビでも出ていたっけ？）

そう思っているうちに自己紹介の時間になった。ある程度予想していたから、考えていたことを話した。名古屋出身で東京のことはわからないこと。地元の某球団のファンだということ。野球が好きなので、一緒に観戦に行きましょうとか。

ぱらぱらと拍手があったが、少しムードは重い。不安になっていると、足利先生は「僕も野球は大好きでね」とフォローしてくれた。拓と同じ球団のファンらしい。でもあまり詳しくはなさそうだ。無理矢理話題をあわせて、緊張しているのをほぐしてくれようとしているのかなと感じた。案外いい人なのかもしれない。

つづいて大阪出身の玉坪武子が自己紹介をした。

武子：こんにちは。大阪から来た玉坪といいます。変わった名字ですが、よろしくー。趣味はブランド品集めで、インスタにアップしてるんでフォローよろしくお願いって感じ、です。ブランドものは高いさかいにバイトもがんばります！

ほかには、上級生だが、このクラスを再履修している坂井幸利という先輩もいた。聞くと、バンドと山登りばかりしていて、出席日数が足りずに、もう一度履修することになったらしい。事情がまだよくわからないが、大学というところは、いろんな人がいるのだなと半ば感心した。いろんな考え方やバックグラウンドの人がいて成り立っている。いや、それが社会そのものなのか。

足利先生がすかさず「坂井君のように大学生活をエンジョイすることも大切だけれど、１年生のあいだはリズムが大切だから、授業に出ること。先生に指定された予習や復習はちゃんとやってくることが大切だよ」と言っていた。でも怒っているわけではなく、笑いながら。決して画一的な生き方を強

制しているわけではないようだ。

　（大学というところは、自分で自由に時間を使える場所だ。でも、だから
　こそ責任が問われるのかもしれないな。僕はどうやって自分の時間を自分
　らしく使っていこうか）

　拓は、以前名古屋にいるとき、学校や塾、両親に「勉強しなさい」と言わ
れて窮屈な思いをしていたことを思い出していた。そしていま僕は自由だと
感じた。でも、それがいま不安にもなっていた。あらためて責任が問われる。
　なんだか無性に誰かと話したくなって、終わってから学生用の食堂で、正
哉たちとお茶をした。

4月　第2週　政治を考える

　「政治」とはなにか。この問いをめぐって多くの人が幾度となく思索してきた。残念ながら「これが政治だ」という正解はない。ここでは、いろいろな思索をみておこう。

　人びとの間には、利益をめぐる対立がある。その共同体や社会の構成員の利益がぶつからず、つねに、あらゆる人が満足だというならば話は別である。しかしいまだかつて、世界の歴史で、すべての人類が満足して生きていた時代や国はないだろう。それがわたしたちの悲しい現実である。

　まだ人びとにとっての「世界」が狭く、国家すら存在しなかった時期の政治社会とは、アリストテレスによれば、「自足的で、かつすべての事柄について究極的な権限」をもつ組織が存立する社会のことを指した。共同体の意思を決定することが「政治」であり、それができる社会が「政治社会」と呼ばれていた。プラトンは哲人による「正しい社会」の実現こそが「政治」の役割だととらえた。こうした、いわば共同体における「公共性」を重視して「政治」の定義づけを試みたのが、ドイツからアメリカに亡命した女性の政治思想家ハンナ・アーレントである。彼女は『人間の条件』において、古代ギリシアにおけるポリスを想定して、「ポリス」という公的領域と「家」という私的領域の区別が「政治」の特徴であり、政治は「公的領域」における人びとの活動であり、言語を通じてなされる相互行為によって成立すると述べた。

争いとしての政治

　現代になると人びとは、公的な意思決定次第で構成員各人の利害が大きく左右されるようになり、意思の決定をめぐって争うようになってしまった。こうした、いわば政治の負の面の強調は、必ずしも現代特有の現象ではない。近世イタリアの思想家ニッコロ・マキアヴェッリは、武力や権謀術数を駆使して秩序を打ち立てることが君主の「政治」の役割であるとした。20世紀初頭の著名な社会学者マックス・ヴェーバーは、「物理力の行使あるいは威

嚇によって、ある地域に継続的秩序が打ち立てられている場合に、その集団は政治的」であると「政治」を論じた。すなわち放っておけば世界は無秩序と化す。そこに一定の秩序が必要となる。そのために「物理力の行使あるいは威嚇」が必要であり、それによる秩序形成が「政治」である。こうして秩序を形成するための「権力」や「権威」、「支配」が政治学にとって重要な概念となった。

その後、二つの世界大戦という未曽有の惨事のなかで、ドイツの法学者、カール・シュミットは、「特殊政治的な区別とは、友と敵という区別である」と述べた。シュミットにおける「政治」とは、人間と人間、国家と国家の対立、紛争を意味していた。当時のドイツがおかれた状況を考えれば、彼がこのように政治を考えたのもいたしかたなかったのかもしれない。現代の「政治」そして「政治学」は、この悲しい言葉と向きあうことから出発しなければならなかった。

調停としての政治

第二次世界大戦という未曽有の悲しい出来事を経て、イギリスのバーナード・クリックが「政治学とは、社会全体に影響を与える利害と価値をめぐって生じる紛争についての研究であり、またどうすればこの紛争を調停することができるかについての研究である」と述べた。ここにおいて政治の役割、政治学の役割は、紛争からむしろ「調停」に重きがおかれるようになった。人間は争いあう愚かな存在であったとしても、その争いを調停することができるとの確信があり、それを達成することが政治の重要な役割であり、その手段を構築すること、その手段を学問的に探求することが政治学の役割になったのである。新しい希望の政治学が見いだされた。

これは、現在「政治」の定義として最も頻繁に引用されているデヴィッド・イーストンの「社会に対する諸価値の権威的配分」という定義においても同じである。シュミットの時代のようなおぞましい紛争ではないにせよ、名声、富、権力といった社会的価値をめぐって、人びと、集団はいつも対立してきた。19世紀の労働運動のように、政治がなにもしなければ、ときにその対立は暴動やデモといった紛争と化すこともあった。同時期のアメリカ

の政治学者であるハロルド・ラズウェルが「政治」を「誰が、どのように、いつ、なにを手に入れるか（Politics: Who Gets What, When, How）」と論じ考察したことも、まさしく政治の端緒が「争い」にあることを示している。

　そして、どのようにして紛争を回避するか。この問いが、政治と政治学が立ち向かうべき重要な課題になったのである。現代においても「対立」の側面を強調して「政治」を考えている政治学者の例として、ベルギー出身の政治学者シャンタル・ムフの名前を挙げることができる。彼女は『政治的なるものの再興』において、さまざまな対立は不可避であるが、それが暴力にならないように制御することが政治の本質だと述べた。

　以上みてきたように、政治には、「争いとしての政治」（対立的契機）と「調停としての政治」（統合的契機）という二つの側面がある。これを「政治の両義性（二面性）」と呼ぶことができる。古来より現在まで、さまざまな政治思想家や政治学者らが「政治」を定義してきたが、その多くが、この二つの側面のうち、どちらか一方もしくは両方を強調する傾向を有している。しかし、政治にはつねにこの両者の側面が存在することを念頭におきながら政治現象を観察することが重要である。そして、政治および政治学の課題は、人間同士の「対立」（差異や複数性）を前提としながらも、それをいかに人為的に（人間自身の力で）「統合」（調整・調停）していくか、であると表現することもできる。さまざまな紛争のなかからどのようにして秩序を作り上げていくかという課題は、「ホッブズ的秩序問題」とも呼ばれる。ホッブズは、17世紀に宗教的対立から内乱状態（戦争状態）に陥ったイングランドにおいて、自由・平等である人間が、自然権という個人の権利だけを前提に、どのようにして秩序が可能であるかを徹底的に考え抜いた。その問いは、後世において「ホッブズ的秩序問題」と呼ばれるようになった。「ホッブズ的秩序問題」の解決への模索、あるいは、人間の共存可能性を探究する試みこそが、政治の取り組むべき大きな課題であると考えることができる。

　また、どのような政治に対する見方も、その時代状況や取り巻く環境によって変化することをつねに認識しておく必要があり、また、政治という営みを本当によく理解しようと思うのならば、教科書や学術書にとどまらず、「人間」に関する森羅万象あらゆること（社会科学だけでなく、芸術や文学

作品などを含めて）に興味関心をもつべきであるということになる。

　現在のわたしたちの時代は、第二次世界大戦の頃と比べても、実際の「争い」にまでいたらなくても、各国がそれぞれの利益や権利を相手のことを考えず、自国のことだけを主張するような雰囲気や傾向を感じるようになったと思う人も多いかもしれない。それは当然だと思う人、そのための法的、制度的準備が必要だと考える人も多い。他方でそのことが平和を壊すことになると考える人も多く、それがまた「対立」を再生産する。対立と調停という「政治」のイメージは日に日に二極化している。

　わたしたちが生きている現在と、「戦争と革命」が連続して起こり続けた20世紀前半の時代とでは、「政治」をめぐる人びとの意識や関心もかなり異なり、大きく変化している可能性がある。また、本章で示した「争いとしての政治」と「調停としての政治」という政治の二側面についても、たえず再考してみる必要があるだろう。わたしたちは「紛争と調停」という政治につねにつきまとうモメント（契機）を念頭におきつつも、これまでの「政治」に対する考え方にとらわれず、いま目の前に展開されているさまざまな「政治」現象を観察することで、「政治」に対する考え方や見方も柔軟に考え直していくことが必要になるだろう。19世紀のフランスの思想家アレクシ・ド・トクヴィルは「新しい政治は新しい政治学を必要とする」と述べている。

　たとえば、政治の「範囲（空間・場所)」について、従来は「国家」中心に考えられてきたが、より身近な「市民社会」や「地域社会」や「家族」、より広域の「国際社会」などにも目を向けてみる必要があるだろう。あるいは、政治の「主体（アクター)」についても、「政治家」「官僚」「国民」などの「個人」のみならず、「政党」「利益団体」「社会運動」などの「集団」、さらに「国家」を超えた「民族」「宗教組織」「地域機構」「国連」「NGO」など、実に多様な主体が政治に関係している。また、現代政治（現在）とその行方（未来）を理解し展望するためには、「歴史」（過去）についても知っておく必要がある。「政治」とはなにかという問いは「永遠に開かれた未完の課題」であり、皆さんそれぞれが自由に想像力を働かせて、その答えを探究してほしい。

課題

1. 「政治」とはなにか。それぞれ、過去の政治学者の定義を取り上げ、さらにその人が生きた時代や国（背景）を調べて、説明しよう。
2. 自分の身の回りにある「政治」的な現象とはなにか。その現象と、それが「政治」である理由を考えてみよう。

読書案内

カール・シュミット『政治的なものの概念』（権左武志訳、岩波文庫、2022年）
政治について、「対立」的契機を重視してとらえる立場を代表する著書。ドイツのナチズムにも大きな影響を与えたといわれる、20世紀における最も危険で刺激的な論考。

ハンナ・アーレント『人間の条件』（志水速雄訳、ちくま学芸文庫、1994年）
政治について、「統合」的契機を重視してとらえる立場を代表する著書。ドイツのナチズムから逃れアメリカに亡命したユダヤ人政治哲学者が、「政治」を徹底的に考え抜いた論考。

丸山眞男『政治の世界　他十篇』（岩波文庫、2014年）
シュミットやアーレントからも多くを学びつつ、戦前日本の「超国家主義」「軍国主義」の論理と心理を批判的にとらえようと格闘した政治学者による、政治に関する論文集。

（大園　誠・松尾秀哉）

4月　第3週　権力とはなにか

　権力は政治学の基礎概念である。それは、古代から現在にいたる多くの政治論に権力作用が前提されていることに示されている。プラトンは哲人王の権力を用いて最善の政治の実現を望み、現代政治学は権力現象をさまざまな角度から分析している。

さまざまな権力論

　政治学において権力の定義は多様だが、多くはそれを強制力と定めている。その典型であるマックス・ヴェーバーは、権力を、ある社会的関係内で抵抗を排しても自己の意思を貫徹する、あらゆる可能性とした。この主張は、意思の貫徹に用いられる暴力機構の占有を想定しているため、実体論と呼ばれる。古くはニッコロ・マキアヴェッリも唱え、支配者の権力が軍事力という実体に依拠することが指摘されている。

　ロバート・A.ダールは関係論を主張した。Bが通常ならなさないだろう何ごとかをAがBにさせた場合、AはBに対して権力をもつ。この主張は、実体論的な権力機構に論究せずにすむ特徴がある。AからBへの作用という現象をとらえている。

　スティーヴン・ルークスは権力論を三つの次元に整理した。一次元的権力論は、上のダール的なものである。二次元的権力論は、ピーター・バラックとモートン・バラッツの指摘を整理したものである。すなわち、Aの影響からBが行動を起こす場合、あらかじめAに不都合な選択肢が隠蔽・排除されている場合がある。二次元的権力論は、その排除・隠蔽を行うことで、見えない形で決定に介入する非決定権力も権力作用に含めている。

　三次元的権力論は、さらに広い社会的影響力に目を向ける。二次元的権力論はAの行使する非決定権力に関心を払うが、三次元的権力論はメディアや教育などの社会的影響も見逃さない。つまり、それらも選択肢の隠蔽・排除に関与しうること、あるいは、そう作用する権力構造が社会に存在することを指摘する。

権威と合意

　暴力や威嚇を用いずに調達される服従は、権力と区別されて権威と呼ばれる。人はなんらかの指示を正統とみなせば受け入れ、そうでなければ反発する。権力はその反発を抑え込むが、権威があればその手間を省くことができる。

　ヴェーバーは、そうした権威、あるいは支配の正統性を次の3点にまとめた。①伝統的支配、②カリスマ的支配、③合法的支配である。①は古くからある伝統、②は為政者のもつ神がかり的な影響力、③は権力行使を受け入れさせる合理性である。現代では一般に③が重視され、その根拠は人びとの合意とされることが多い。

　合意は、ジョン・ロールズが詳しく論じた。彼は、いっさいの利害から解放された原初状態を想定し、そこで獲得される合意の重要性を指摘した。また「重なり合うコンセンサス」論も展開している。前者は、原初状態という論理仮説を用いて偏見に侵されていない合意が社会の基盤を成す点を、後者は、異なる価値を有する人びとが他から強制されずに各々の理由から合意を成しうる点を論じたものである。つまり実際には実現困難な前者に準ずる合意が、後者によって達成しうるとした。

非政治的権力と規律訓練権力

　多くの人は国家権力と距離をとることで自由が得られると考える。しかし、実際には経済や社会という非政治領域にも権力関係はある。たとえば経済権力は、カール・マルクスが指摘した。彼は階級対立を取り上げ、労働契約が対等ではないとした。それは力をもつ者ともたざる者との権力関係である。生産手段をもつ資本家に対し、財産をもたない労働者は雇用される以外の選択肢をもたない。それゆえ、逃げ場がなく搾取される。

　社会権力はジョン・スチュアート・ミルが指摘した。個人の自由が認められた社会でも、実際には特定の価値観が幅を利かせ、他を圧迫している。その同調圧力・社会権力を彼は批判した。指摘できるのは、これらが過去のものではないということだろう。現代でも労働者の待遇改善は課題でありつづけ、社会的に主流とされる価値観が他をないがしろにする傾向も顕著である。

最後に、社会権力と政治との接点にふれよう。ミッシェル・フーコーによれば、統治技術の発達は個人の意思を踏みにじらずとも権力に従わせることを可能にした。ジェレミー・ベンサムの考案した一望監視装置（パノプティコン）が示したように、人びとに監視を意識させることは効果的である。監視を意識させるだけで考えや行為を規律できるためである。人はダミーの監視カメラの前でも、それと気づかなければ規則に従う。

この作用は規律訓練権力と呼ばれる。それは監視の労を割く必要がない点で容易に導入できる。また、繰り返し自らを律するように促すため、抵抗なく特定の規範を浸透させる。社会権力に顕著な主導的価値の受容を、その技術の使用者は促すのである。それを理解すれば、権力が現代においても変わらず重要な問題だと気づくだろう。

課題

1．ヴェーバーの支配の 3 類型を日本に当てはめると、どう分析できるだろうか。また、他の国の場合と違いは存在するか、確認してみよう。
2．ルークスの三次元的権力論とフーコーの規律訓練権力との関係性を考えてみよう。

読書案内

マックス・ヴェーバー『職業としての政治』（脇圭平訳、岩波文庫、1980 年）
政治における権力の役割を理解するのに避けることのできない名著。20 世紀初頭の講演録のため読みにくいが、政治家論もあわせて理解できる点でお得感がある。

杉田敦『権力論』（岩波現代文庫、2015 年）
権力の現代的な問題を取り扱った一般向け理論書。初学者には難解だが、ミッシェル・フーコーの議論を政治学的に理解するのに役立つ。

スティーヴン・ルークス『現代権力批判』（中島吉弘訳、未來社、1995 年）
本章で取り上げているルークスの論が展開された小著。政治学の基本的知識が要求されている部分もあるが、論旨を読み取ることは難しくはないだろう。

（森分大輔）

4月 第4週 民主主義とはなにか

民主主義は多義的

　「民主主義」は、「自由」や「平等」と並んで、政治学を学ぶうえで最初に押さえておくべき重要な概念の一つである。まず、この言葉の意味を確認しよう。

　「民主主義」という言葉の直接のルーツはヨーロッパ語、英語でいえば「デモクラシー（Democracy）」である。さらにその起源をさかのぼると、古代ギリシャ語の「デーモス」（民衆）と「クラトス」（権力・支配）の合成語「デモクラティア」に行き着く。直訳すれば「民衆支配体制」といったところか。この原義にこだわるならば、「民主主義」より「民主制（民主政）」という言葉のほうが原語のニュアンスに近いといえる。実際、政治学のテキストでも、文脈によって、たとえば「君主制」や「貴族制」との対比で言及するときは「民主制」と表記するのが一般的である。

　では、「デモクラシー」を「民主主義」と表現するのはなぜか。それは、デモクラシーが統治の「制度」にとどまらず、一つの「理念」と考えられているからにほかならない。少し理屈っぽく言い換えると、「デモクラシー」は、たんなる「政治体制」（形式）ではなく、「その政治体制が目指す理念ないし思想」（内容）でもあるということである。つまり、民主主義は、複数の意味をもつ、いわば多義的な概念なのである。

　その意味では、たとえばイギリスは君主制を維持しているにもかかわらず、まごう方なき「民主主義」国である。また、ときに民主主義は、「国民主権」とほぼ同じ意味で用いられることがある。また、ある文脈では、「平等な社会」という意味で「民主主義社会」という表現がなされることもある。これらはすべて「民主主義」なのである。

自由民主主義の成立と伝播

　以上のような民主主義の多義性に留意しつつ、しかしどの意味で理解しても、民主主義自体には普通悪いイメージはもたれていないだろう。たとえば、

「この国は民主化した」とか「民主的な社会」と言う際、「民主化」や「民主的」にはおそらく肯定的な評価が下されている。あるいは、「物事を民主的に決めよう」と言われると、多くの人は（具体的にどのように決めるのか不明でも）なんとなく良い決め方だと思うのではないだろうか。

　だが、「民主主義の故郷」とされる古代ギリシャでは、逆に、民主主義は欠陥の多い政治体制とみなされることが多かった。実際、古代ギリシャを代表する哲学者プラトンは、その著『国家』において、民主制とは貧しく無知な大衆を操る煽動者（デマゴーグ）が支配する、いわば堕落した政治体制であると述べている。こうした民主主義に対する否定的評価は、19世紀頃まで残存した。その民主主義が、近代にいたって「自由主義（リベラリズム）」と結びつき、「自由民主主義（リベラル・デモクラシー）」として開花することになる。以下、その経緯を確認しよう。

　自由主義の歴史は、民主主義のそれよりもはるかに浅く、一般的には16世紀頃、絶対王政期の西ヨーロッパに始まるとされる。そして、その思想は、イギリス名誉革命（1688年）、アメリカ独立革命（1775〜83年）、フランス革命（1789〜99年）といった市民革命を経て、まずこれらの国々において制度化されることになる。その核心は、「身分、性別、民族、信条などの別なく、およそすべての個人の自由な領域への国家権力の介入を認めない」という考え方で、本来民主主義とは対照的である。というのも、先述したように、民主主義はしばしば堕落した民衆支配に変質し、時の多数派が少数派を圧迫し、個人の自由に対する脅威を招くことがあるからである。

　このように対照的な民主主義と自由主義の総合をいち早く試みたのが、フランスの政治思想家アレクシ・ド・トクヴィルである。彼は主著『アメリカのデモクラシー』（1835〜40年）において、社会の平等化と民主主義の進展は不可避であると考え、それが民主主義の名を借りた多数派による少数派の圧殺（「多数派の暴政」）を生じないように、それに抗する思想として自由主義の役割を強調した。同様に、トクヴィルより1歳年下のイギリスの哲学者ジョン・スチュアート・ミルも、その著『自由論』（1859年）において、やはり民主主義が「社会的専制」を招く危険性を指摘し、個人の自由を擁護する自由主義を重視した。このように理論化された自由民主主義という思想とそ

れに基づく政治体制（主に議会による代表民主制）は、19世紀から20世紀にかけて世界中へ伝播することになる。

第二次世界大戦後の民主主義理論の展開

　以上のような自由民主主義をいちおうの到達点とした民主主義理論は、20世紀に入り「大衆民主主義」と呼ばれる興隆期を迎えるも、1930年代ドイツにおけるヴァイマール共和国の崩壊とナチ独裁成立に象徴されるファシズムの勃興と第二次世界大戦（1939～45年）の惨禍を経て、深刻な反省を迫られることになる。そして、そこから、以下のようにさまざまな新しい民主主義理論が生まれたのである。

　まず挙げるのは、主にアメリカで活躍した経済学者ヨーゼフ・シュンペーターが唱えた「競争的エリート民主主義」である。彼は、多くの市民にとって政治は非日常的な事柄であり、彼らの多くは公共の利益を考慮した決定に参画する能力をもたないということに着目し、市民が自ら政治に参画するよりも、互いに競争しつつ政治に直接携わる政党や政治家といったエリートを市民が選ぶことによって民主主義を実現すべきだと主張した。しかし、この理論に対しては、競争的エリートと一般市民を二分するという問題点が指摘されることになる。

　その問題点の克服を企図し、市民の政治参加の重要性を強調するのが、アメリカの政治学者ロバート・A.ダールが唱えた「ポリアーキー（多頭制）」である。ダールは、現実にありえる民主主義をポリアーキーと呼び、市民の「政治参加（包括性）」と「権力批判の自由（公的異議申し立て）」という二つの基準に即して既存の政治体制を測定することを提唱する。そして、利害関係を一にする多種多様な集団・結社間の交渉や連携を通じた市民の政策決定への関与を重視するのである。

　そのような市民の積極的な政治参加をいっそう重視するのが、「参加民主主義」である。現代の民主主義は、基本的には間接民主制をとっているため、市民の政治参加も投票という場面に限られがちである。それを補完するのが参加民主主義の目的である。現在の日本でいえば、憲法改正の国民投票、最高裁判事の国民審査、地方自治体レベルでのリコール（解職請求）や住民発

案といった直接民主制的な諸制度はこの考え方に基づく。参加民主主義はさらに、地域・職場・学校等における市民活動や住民運動、地方自治へのより主体的な市民参加をも称揚するものである。

　最後に挙げるのは、ドイツの哲学者ユルゲン・ハーバーマスなどが提唱する「熟議（討議）民主主義」である。これは、エリートではないすべての市民が公共の事柄について討議する場（公共圏）の役割を重視し、市民が理性的な議論を重ねて一定の合意を形成、政策として実現することを企図するものである。その他、選挙ではなく抽選で代表者を選ぶ民主制（ロトクラシー）の可能性も目下政治学において議論されている。

現在の民主主義が直面する状況と今後の展望

　第二次世界大戦後40年あまり続いた「自由主義陣営 vs. 共産主義陣営」という国際社会における対立図式（冷戦構造）は、ベルリンの壁崩壊に始まる中東欧諸国の民主化（1989年）とソ連の崩壊（1991年）によって消滅した。それから30年以上が経過したいま、世界の民主主義は新たな状況に直面している。

　たとえば、1990年代以降の西欧諸国では、左右の既成政党がその支持基盤を縮減させるなか、一方では経済不況やレイシズムを背景とした移民排斥やヨーロッパ統合反対を唱える極右政党が、他方では従来の左翼政党とは一線を画する左派ポピュリスト政党や環境政党が支持を集めている。また、政治経験が皆無だった実業家ドナルド・トランプのアメリカ大統領選出と国民投票によるイギリスの欧州連合（EU）離脱決定（2016年）は、「民主主義のチャンピオン」たる米英両国の民主主義になんらかの「変化」が生じていることを示している。さらに、2024年現在、いったんは民主化した「はず」のロシアでは強権政治の色彩が強まりつつあるかたわら、EUと北大西洋条約機構（NATO）に加盟して「民主主義陣営の一員」となった中東欧諸国の政治や社会において看取される反リベラル的な動きも気になるところである。

　ひるがえって、日本においても「民主主義の形骸化」がいわれるようになって久しい。たとえば、国政・地方を問わず公職選挙における慢性的な投票率の低下傾向は、この国の民主主義のありようを真剣に考えるようわたした

ちに迫っているといえる。政治学を学ぶ皆さんにも、いままでの学問の蓄積から謙虚に学びつつ、現状を冷静に観察したうえで、これからの民主主義について自由闊達に思考を展開し、議論を重ねてほしいところである。

課題

1．民主主義が「失敗」した例としては、戦前、1930年代のドイツ・ヴァイマール共和国がナチ独裁に転化した例がしばしば挙げられる。このような「失敗」が起きた原因はなにか、考えてみよう。
2．「政治に興味がない人たちにも投票権がある民主主義よりも、政治に関心があり、かつ能力がある人たちに政治をまかせたほうが、結果的に国家の運営はうまくゆくような気がする」という意見について、考えてみよう。

読書案内

宇野重規『民主主義とは何か』（講談社現代新書、2020年）
本章で検討した民主主義の多義性と可能性を平易に解き明かし、その誕生から現在にいたる歴史を的確に解説したうえで、現下の世界と日本が直面するさまざまな政治課題をどのように考えるべきか、その糸口を示してくれる一冊。

國分功一郎『来るべき民主主義──小平市都道328号線と近代政治哲学の諸問題』（幻冬舎新書、2013年）
民主主義は、数年に一度の議員や首長を選出する投票にとどまらず、日々の行政に作用する住民運動・社会運動にも生かされるものであるはず──。住民運動に飛び込んだ哲学者による、民主主義の新たな可能性を感じさせる一冊。

本田宏・堀江孝司編著『脱原発の比較政治学』（法政大学出版局、2014年）
2011年の福島第一原発事故は、原発に対する単なる賛否を超え、日本の地方自治と市民運動、そして世界各地の民主主義を新たなステージに進める大きな契機を提供した。そのダイナミズムと現状を生き生きと伝えてくれる一冊。

（石川裕一郎）

5月　ゼミのあり方

　入学からひと月が経った。東京でのひとり暮らしにも少しずつ慣れ、中原拓にもいくらか余裕が出てきた。基礎ゼミでは、ゼミでの議論をより充実したものにするため、拓の発案で週に1回のサブゼミ（時間外にゼミ生が自主的に集まり、主に予習やゼミでの発表の予行演習などを行うこと）を開くようになった。

　今日のサブゼミでは、次回のゼミで予定されているテーマについて、予備的なディスカッションを行うことになっている。拓は、サブゼミの発案者ということもあり、進行役を務めることが多い。

　拓：では今日のサブゼミを始めたいと思います。今日は次回の本ゼミで取り上げられる予定の「平等」について議論してみたいと思います。まずは、平等の概念から話を始めてみたいと思います。といっても、あまり固く考えず、平等という言葉についてどんなイメージをもっているか、そのあたりから話してみたいと思います。

拓の言葉が終わるや否や、福留幸恵がスッと手を上げた。

　拓：では福留さんからどうぞ。

　幸恵は足利ゼミのなかでも熱心な学生のひとりであり、その弁舌も新入生とは思えない鋭さをもっている。キャンパスでも目立つ存在である。拓も入学式以来少し気になる存在だったが、安易なことはできないなと思っていた。

　幸恵：わたしは、平等といってもその言葉が使われる文脈によって、複数の含意があるのではないかと思います。

このあと、幸恵を中心に話が進んだ。

　　拓：では、そろそろ時間ですので、今日のサブゼミはこの辺で終了したい
　　と思います。では、参考文献は、できるだけ次回の本ゼミまでに各自読ん
　　できて下さい。

サブゼミの終了を告げた拓が、資料を片づけていると、ゼミ生のひとりで
ある平尾正哉が声をかけてきた。

　　正哉：中原さん、ちょっと相談なんだけど……。
　　拓：どうしたんだい？
　　正哉：ゼミでのディスカッションのことなんだけど、君どう思う？
　　拓：どういう意味だい？
　　正哉：発言する人がいつも決まっているのが少し気になるんだ。

（そうか）

拓は思った。また、正哉が誰のことを指してそのようなことを言っているの
かもすぐに理解できた。

　　拓：たしかに、福留さんはよく勉強しているし、言うことも説得力がある
　　と思う。だけど、彼女の堂々とした話しぶりに気圧されてしまって、発言
　　しにくい雰囲気になることもあるよね。

拓もその点は以前から気になっていた。

　　正哉：そこでどうだろう、次回から各自の発言回数を少し制限してみた
　　ら？
　　拓：平尾さんの考えもわかるけれど、自由に議論できる場というのはやっ
　　ぱり大事にしたいなあ。

正哉：もちろん、自由は大事だと思うけれど、ディスカッションに慣れていない人もいることだし、全員に平等に発言させることも大事じゃないかな。

拓：うーん、僕も全員から発言があるようにしたいとは思う。だけど、福留さんがそれだけ議論できるのは、彼女が人よりも多く勉強しているからこそだし、その努力の成果を制限するっていうのは、悪い意味での平等になりはしないかな？

拓はおそらく特別な思いもあって、自然に幸恵を擁護していた。

正哉：……。

拓も正哉も考え込んでしまった。これまでふたりとも、自由と平等をどこか並列的に考えていた。たとえば、フランス国旗は「自由・平等・友愛」を象徴しているように、自由と平等というのはセットで実現されるというイメージがあった。ところが、この二つは場合によっては対立しうるのかもしれない。

拓はふと思った。

（次回のゼミのテーマは「平等」なんだから、いまの視点を加えて、もう一度議論してから考えてもいいんじゃないか？）

　自由は人間を構成する欠くべからざる要素である。自由のないところに自分本来の姿はなく、それを奪われると人として大切な部分を失う。

　こうした自由の評価は広く支持されている。例えばフランクリン・ルーズベルトは、1）思想・言論の自由、2）信教の自由、3）欠乏からの自由、4）恐怖からの自由からなる「四つの自由」を基本的な価値とした。

消極的自由とリバタリアニズム

　本来の自己と自由との関連を整理して、アイザリア・バーリンは「〜からの自由」と「〜への自由」にまとめた。前者は消極的自由、後者は積極的自由である。

　消極的自由は「四つの自由」のように障害の排除を重視する。個人の幸福はそれぞれで、他者が愚かと断じようとも妨害されず、自由に追求されねばならない。ジョン・スチュアート・ミルは、そうした個性追求の手段として自由を擁護した。加えて、その自由が社会全体の利益にかなう点も指摘した。個々人の自由な活動は、社会や道徳の多様な発展を促すためである。

　ミル以前の主張は、国家との関係を意識していた。ジョン・ロックは理性を強調し、国家不在でも秩序が維持されるとした。人は自由に財産を形成し、理性によって他者の所有権を尊重できる。社会は自ずと安定するため、国家は稀にある侵害を取り締まるだけでよい。この主張は、自由な個人とそれに基づく社会こそが国家に先立つもので、尊重されるべきという自由主義の基本理念を示している。

　これら個人を前提とする自由主義は現在、福祉国家批判に転用されている。たとえばフリードリヒ・ハイエクは、社会の発展という発想を格差是正政策への批判に用いる。国家の介入は自発的な弱者救済活動を阻害し、個人の工夫や社会の多様性の発展を妨げるからである。またロバート・ノージックは所有権論から福祉国家を批判する。福祉目的の課税は国家の役割からの逸脱で、個人と社会の基盤である所有権の侵害である。これら社会や経済への国

家の介入を警戒する立場は、リバタリアニズムと呼ばれる。

積極的自由とルソー

　積極的自由は、特定の価値や理念への献身を求める「〜への自由」である。それは消極的自由よりも古く、ヘレニズム期の自然法思想に確認できる。この主張は人間に備わる良心や善なる意志、それに基づく普遍的道徳を自明視する。万人に共通のそうした原則に従うことで利己的な欲望に振り回されない真の自由、真の自己が実現されるからである。

　この考えは近代に力を失った。価値が多様化し、普遍的道徳が見失われたためである。先の自由主義はそれを受けて登場したが、ジャン・ジャック・ルソーは異なる立場をとった。欲望と意志を区別しない自由主義に対し、後者を尊重したのである。

　ルソーは他者を思いやる憐憫の情や、それに促された行動に人間本来の姿を見た。自己の利益・欲望よりも他者を尊重する、そうした「一般意志」に従えば、本来の自己が実現される。また、他を顧みない利己主義や、それの充満する社会も改善されるだろう。

　ルソーの主張は最初期の自由主義批判だが、バーリンによればこうした積極的自由論には自由の抑圧に利用される危険がある。たとえば積極的自由の論理を用いて、国家への献身を普遍的道徳、拒否する態度を利己主義と断ずればどうだろう。そのレトリックは強権的支配者に魅力的に映るだろう。

自由主義の再検討

　バーリンの指摘は傾聴に値するが、個人の自由は無条件に肯定されるべきだろうか。トマス・ヒル・グリーンは利己主義に侵された社会を批判し、自己実現を論じた。ただし「一般意志」のような単一の理想ではなく、各々が自由に人格の完成を追求すべきとした。この点で積極的自由論と区別される。また国家や社会は、そうした追求に助力すべきとした。個人の自由と相反しない福祉を提案したのである。

　ジョン・ロールズの批判は、より個人主義に配慮している。彼は社会が、個々人に平等な最大限の自由を保障することを求めたからである。同時に、

それが生じさせる過度な競争を戒め、結果として生じる格差にも制限を加えられるべきとした。この制限を彼は正義と呼ぶ。詳細は次章で扱われるだろう。

　マイケル・サンデルは共同体（コミュニティ）の影響を指摘した。コミュニタリアニズムと呼ばれる態度である。たとえばミルのいう幸福追求も、実際には社会が重視する価値観から影響を受ける。サンデルは、この共同体（コミュニティ）が尊重する価値（共通善）を強調する。仮にその内容が具体的でなくとも、共通善を同じくする仲間の自覚によって、個人主義が助長する利己主義は抑制されるだろう。

　これら三者は時代も立場も異なるが、いずれも個人の自由と、社会や共同体との関係を論じた。そして利己主義の修正と、その案を検討している。それは、自由と表現されるものの内容や前提が一様ではないことを示している。彼らは個人の自由を手放しに肯定すべきか否か、再検討を迫っている。

課題

1．ハイエクとグリーンなど、対照的な立場にある論者を比較してみよう。
2．「義務を果たさなければ、自由を主張すべきでない」という見解がある。
　これに対してさまざまな論者の立場から意見を述べてみよう。

読書案内

田中拓道『リベラルとは何か──17世紀の自由主義から現代日本まで』（中公新書、2020年）
本章で触れることのできなかったリベラリズムの語に関する思想を平易に解説した一冊。現代、片仮名でリベラル、リベラリズムと表現される場合、文脈によってニュアンスが異なる。この点を理解するのに役に立つ。

加藤尚武『現代倫理学入門』（講談社学術文庫、1997年）
自由主義に関連する論点を多様かつ具体的なテーマから扱う一冊。倫理学という政治学の隣接分野で、どんな問題が論じられているのかを知るうえでも役立つ。

アイザリア・バーリン『自由論』（小川晃一ほか訳、みすず書房、2000年）
本章で扱ったバーリンの二つの自由に関する論考が収められた一冊。専門性が高いが、二つの自由に関する論説は比較的平易な文章で著されている。

（森分大輔）

5月　第2週　平等とはなにか

　「平等」という言葉を聞いて、あなたはなにをイメージするだろうか。そもそもわたしたちは平等ではない。国籍や出身地、容貌や性格、身長や体重、才能や資質、好みや価値観にいたるまで、人はそれぞれ異なるがゆえにわたしたちは平等に生まれついてはいない。ところが、「わたしたちは平等であるべきだ」ともいわれる。その場合には、わたしたちひとりひとりの違いを認めたうえで、「平等な取り扱いを受けるのが当然である」との主張がなされる。現実の世界に存在する「不平等」な状況や「貧困」「格差」「差別」については「社会経済的不平等」の一つとして問題視される。では、現実に存在する「不平等」と目指すべき理念としての「平等」をどのように理解すればよいのだろうか。また、「平等」といっても、その具体的内容となると、形式的平等や実質的平等、機会の平等や結果の平等など、実にさまざまなとらえ方がある。そこで、ここでは、「人びとが平等に取り扱われる社会」をいかに実現させるかという問題として、「平等」の問題を取り上げてみようと思う。

誰にとっても公正な社会とは――ロールズの『正義論』

　20世紀後半において、「平等」の問題を、「誰にとっても公正な社会はいかにして可能なのか」という問題として読み替え、「現代版社会契約論」とも呼ばれる政治理論を提示したのが、ジョン・ロールズの『正義論』である。ロールズは、17世紀から18世紀にかけて活躍したホッブズ、ロック、ルソーらによって提出された「社会契約論」を現代によみがえらせたといわれる。神ではなく人間自身の手によって結ばれた「社会契約」によって、「自然状態」から「社会状態」を作り上げようとした理論が「社会契約論」だとすれば、「正義の原理」によって、「原初状態」から「公正な社会」を作り上げようとするのが、ロールズの「正義論」である。ロールズの独自性は、「原初状態」においては人びとが自分自身の情報をいっさい知らない「無知のヴェール」で覆われている状態におかれているという仮説的状況を設定すること

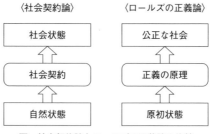

〈社会契約論〉 〈ロールズの正義論〉

社会状態	公正な社会
社会契約	正義の原理
自然状態	原初状態

図　社会契約論とロールズの正義論の比較

によって、論理的に二つの「正義の原理」を導き出したことにある。その二つの「正義の原理」とは、「平等な自由の原理」といわれる第一原理と、「格差原理」と「公正な機会均等原理」の二つを含む第二原理を指す。第一原理は、他者と両立しうる限り広範な自由への平等な権利が認められるというもの（「平等な自由の原理」）であり、第二原理は、社会経済的不平等は、①最も恵まれない人びとの最大の利益になるように（「格差原理」）、②公正な機会均等という条件のもとにすべての人に開かれている職務や地位にのみともなうように（「公正な機会均等の原理」）、配置されるべきというものである。このような「正義の原理」が人びとに採用される理由づけとして、「無知のヴェール」と「マキシミン・ルール」を導入した点も重要である。「無知のヴェール」とは、自分に関する情報を知らないという状況である。もし人びとが将来自分がどのような状態になるのかについての情報をもっていれば、たとえば自分が大富豪になることがわかっていれば、大富豪にとって都合のよい原理を採用しようとするかもしれない。そのような状況を防ぐために、自分にとっての情報を知らないという「無知のヴェール」で覆われている状態を設定することが必要であった。また、「格差原理」のような弱者に有利な原理が選択される根拠としては、「マキシミン・ルール」と呼ばれる議論を応用している。「マキシミン・ルール」とは、複数の選択肢があった場合、最悪の状況に直面した場合に最小限の損失になるようにはかるというものである。ロールズはこれを応用して、「原初状態」のような不確実な状況においては、人びとは「最善の状況」を想定するよりも「最悪の状況」を想定し、弱者に有利な正義の原理を選択すると考えたわけである。ロールズの「正義論」は、自由主義（リベラリズム）の立場に立ちながら、政府などが積極的

な社会保障政策などを講じる「福祉国家」を正当化することを可能にし、20世紀後半以降の政治哲学・法哲学や政治理論の分野に大きな影響を及ぼした。

なにの平等か──ロールズ以後の平等論の展開

ロールズの「正義論」は、「誰にとっても公正な社会はいかにして可能なのか」というテーマに取り組んだ。このことは、現代社会において「平等」の問題を取り扱う際の一つのモデル・ケースとなったといえる。しかし、ロールズ以後も、「平等」をめぐっては、多様な議論が展開されている。そもそも「平等」とはなにの平等を意味するのだろうか。形式的平等や実質的平等、機会の平等や結果の平等、資源の平等や福利の平等などさまざまなとらえ方があるが、ここで焦点となるのは「分配の平等」（分配的正義）の問題である。ロナルド・ドゥウォーキンとアマルティア・センの議論をみてみよう。

アメリカの法哲学者ドゥウォーキンは、『平等とは何か』（2002年）で、現代平等論の中心的テーマを「分配の平等」の問題と考え、「資源の平等論」（平等論の課題を社会内におけるなんらかの重要な資源配分の平等性に限定する立場）と「福利の平等論」（単なる資源配分の平等性を超えて諸個人がそのような資源を用いて達成する、なんらかの望ましい状態の実現＝福利の平等を目指す立場）の二つに整理した。そして自らは「資源の平等論」の立場に立ち、「福利の平等論」の意義と問題点を指摘する。「福利の平等論」は、資源配分の格差に加え、人間の資質や能力上の格差も反映する福利実現という次元で発生する不平等に着目することで、容易にその立場の正当化を可能にした。その一方で、「福利の平等論」は、福利充足という理由で、人間の不当な欲求の実現に手を貸してしまう可能性をもつという問題点を指摘する。そのうえでドゥウォーキン自身は、「資源の平等」の配分をより具体化するために、「無人島においてあらゆる資源を平等に分配する仮想的なオークション論」を展開するとともに、「福利の平等論」に欠けていた不平等の範囲についても考察し、「資源の平等論」の可能性を明らかにした。

その一方で、インド出身の経済学者センは、『不平等の再検討』（1999年）で、現代の平等論が主に先進諸国においては発展したことを高く評価しつつ

も、発展途上国を中心として、世界的規模における不平等の実態はむしろ悪化していることに警鐘を鳴らした。センは、「資源の平等論」では、人びとが資源を活用して生活の質を高め、一定程度の望ましい生を確保できる（＝「福利の平等」を保障する）ことが重要であり、そのためには、人びとがそれを実現する能力（＝「潜在能力」）の平等化をこそ目指すべきと主張した。「潜在能力」とは、人びと自身が実現できる可能性のあるさまざまな行動や健康状態などの生活上の状態（「機能」）を実現するための能力を意味している。そのような能力を万人に確保しておくことが、不平等の解消に寄与するというのである。センの議論は、「福利の平等論」の意義を再確立するとともに、現代世界に厳然として存在する不平等な現実を告発する意味でも重要であった。

平等論の新たな展開──「運の平等主義」

　最後に、現代の平等論においてさかんに議論されている「運の平等主義」について考えてみたい。「選択」した結果については個人が自己責任を負うべきだが、「偶然」の結果に対しては個人が責任を負うべきではない、つまり「自然の運の影響を排除すべき」とする考え方を「運の平等主義」と呼ぶ。たとえば、生まれつき障がいをもっている人は援助されなければならないが、怠けて仕事をしない人は援助に値しない、ということになる。このような発想に賛同する人は多いかもしれない。しかし、「運の平等主義」はかなり過酷な結論も容認してしまうこともある。たとえば、自分の運転ミスで障がいを負った人は自己責任であり、社会は手を差し伸べる必要がないことにもなる。はたしてそれでよいのだろうか、考えてみてほしい。人びとが日常生活を送っている際に「運が悪かった」とすまされてしまいがちなさまざまな事態に対してわたしたちはどう対処すべきか。そのような現実に起こりうる問題に対しても、「平等」という概念や「平等論」は、わたしたちが生きている社会のあり方について、多様な観点から考えるヒントを与えてくれるのである。

課題

1. 現実に存在する「不平等」や「格差」にはどんなものがあるだろうか。自分の身の回りのことから一国レベルあるいは国際的なレベルのことにも目を向けて、その具体例を挙げてみよう。
2. 「平等」にはさまざまな種類や考え方があることを学んだが、わたしたちが生きている社会をよりよくするためには、より具体的には「なにについての平等」の実現を目指すのがよいか、考えてみよう。

読書案内

齋藤純一『不平等を考える――政治理論入門』（ちくま新書、2017 年）
「平等」とはなにか、「不平等」はなぜ問題なのか。1980 年代以降世界で進行する「格差の拡大」という事態に対して、どのように考えることができるのかを政治理論の立場から提起する著書。

ジョン・ロールズ『正義論（改訂版）』（川本隆史ほか訳、紀伊國屋書店、2010 年）
1970 年代にこの著書が登場したことは、政治学の歴史にとって一つの事件である。「正義」とはなにか、「公正な社会」はどのようにしたら可能なのかを考えようとした、新たな政治哲学の論争的な著作。

齋藤純一『平等ってなんだろう？――あなたと考えたい身近な社会の不平等』
（平凡社、2021 年）
「平等」ってどういうこと？／日本と世界のなかの不平等／未来に希望をもつために、平等を考えるという三つの切り口から、平等・不平等をめぐるさまざまな問題を私たちの足元から考えてみる試み。なぜ、平等であることが大切なのか、じっくり考えてみよう。

（大園　誠）

5月　第3週　選挙とはなにか

選挙の機能

　2015年6月、日本の国会で公職選挙法の改正が実現し、選挙権年齢が20歳から18歳に引き下げられた。18〜19歳の約240万人が、このとき新たに有権者となったが、そもそも、選挙にはどのような意義があり、どのような役割を担っているのであろうか。ここではそれを、さしあたり、下記の4点に絞って整理しておきたい。

　選挙の役割として、まず挙げられるのは、これが国民の政治参加を保障する重要な手段となっている点である。もちろん、政治参加の手段は選挙に限定されるものではなく、政党その他の諸団体への加入や街頭行動への参加なども重要な政治参加の手段であるが、選挙が最も制度化され、国民に平等に開かれた形態であることは論をまたない。

　次に挙げられるのは、政治リーダー（政権担当者）を選出するという役割である。すなわち、選挙を通じて主権者たる国民の意思が表明され、国民の多数から支持を得た政党や候補者が政治権力を獲得するのである。

　このことは同時に、政治リーダー（政権担当者）は政治権力を行使する民主的正統性を獲得することを意味するが、それはあくまでも一定の任期内においてのことである。したがって、選挙が担っている第三の役割は現政権の政策等に対する有権者の評価であり、選挙を通じて信任された政治リーダーは、引きつづき政治権力を行使することになる。

　このように、選挙は政権による政策を国民が評価する場であり、その結果に基づいて政治リーダーは政策を具体化していくことになるが、有権者自身にとっても、選挙は最も身近な政治参加の機会であり、政治・経済・社会のさまざまな条件を勘案しながら、自らの意思を決定するという意味で、選挙には社会的教育という第四の役割がある。選挙への参加を一つの機会として、現実社会とその動向を学ぶのである。

選挙の制度設計に関わる四つの原則

　次に、今日の選挙制度においては欠くことのできない、その設計に関わる四つの原則（①秘密選挙、②直接選挙、③普通選挙、④平等選挙）を確認しておきたい。

　①秘密選挙と公開選挙　　秘密選挙は、誰がどの候補者（政党）に投票したのかが秘匿される制度であるのに対して、他方公開選挙はそれらが公開される制度である。口頭での投票、起立や挙手による投票、記名投票といった公開選挙では、特定候補への投票の強要や選挙後の報復などの圧力がかかるおそれがあり、現代の政治的選挙では無記名による秘密選挙が原則となっている。

　②直接選挙と間接選挙　　直接選挙では有権者が議員らを直接選出するが、間接選挙の場合、有権者が直接選出するのは「選挙人」や他のレベルの議員であり、その選挙人が議員や大統領などの政治的代表者を選出する。間接選挙の典型的な事例として挙げられるのはアメリカの大統領選挙であるが、4年に一度、全米で行われるこの選挙において有権者が選出するのは大統領選挙人である（ただし選挙人はあらかじめどの大統領候補に投票するのかを明言しているので、実質的には直接選挙と変わらない）。

　③普通選挙と制限選挙　　普通選挙は、未成年を除くすべての国民、住民に選挙権が与えられる選挙であり、制限選挙は、年齢以外の性別・身分・教育・財産などの要件によって選挙権が制限される選挙である。世界初の男子普通選挙はフランス革命期の 1792 年に実施された国民公会選挙であったといわれるが、完全な普通選挙ではなかったことから、同じくフランスで二月革命直後の 1848 年 4 月に実施された憲法制定議会選挙が最初のものとされることが多い。世界初の（男女）普通選挙はヴァイマール期のドイツであり、日本では 1925 年に男子普通選挙、第二次世界大戦後の 1945 年に（男女）普通選挙が実現している。

　④平等選挙と不平等選挙　　平等選挙とは、各有権者がもつ票数が平等（1 人 1 票）であり、かつ 1 票の価値が平等な選挙のことであるが、不平等選挙はこれら条件が不平等な選挙であり、具体的には複数投票制や等級投票がこれにあたる。

複数投票制は、一般有権者が1人1票であるところ、特権をもつ有権者には複数票が与えられているような選挙であり、等級選挙は、納税額等を基準として、有権者を複数の等級に区分する選挙である。もはや、こうした不平等選挙が容認される時代ではないが、1票の価値については今日でもなお厳密には平等でない。1票の価値が平等な状態とは、全域的に議員1人あたりの人口（または有権者数）が完全に同数という状態であるが、選挙区が複数ある場合、選挙区間で完全な平等を実現することは容易でないのである。

選挙制度

今日世界で採用されている選挙制度はそれぞれどのような特徴を有しているのであろうか。ここでは選挙制度を分類するための二つの基準（選挙区制と議席決定方法）について確認しておきたい。

①選挙区制──小選挙区と大選挙区制　　第一の基準は議員を選挙する際の単位としての選挙区制である。通常、議会の総定数は十数名から数百名までの規模となるが、これらをどのような単位に区切って選出していくかが問題となる。選挙区制は、選挙区定数が1（各選挙区から1名の議員を選出）の小選挙区（single-member district）と選挙区定数が複数（各選挙区から複数名の議員を選出）の大選挙区（multi-member district）の二つに分類される。このように、小選挙区と大選挙区という二つの選挙区制は、定数が1名か複数名かによって区別されるのであり、選挙区の規模（面積や人口）の大小ではないことを確認しておきたい。

②議席決定方法──多数代表制と比例代表制　　第二の基準は、有権者の投票をどのように集計し、どのように当選者の決定に置き換えるのかを定める議席決定方式であり、大別すると多数代表制と比例代表制の二つがある。

多数代表制は、得票の多かった多数派に議席を与え、得票の少なかった少数派には議席を与えないとする考え方を基本としており、「多数」の定義としては、得票順位の上位者を当選者とする相対多数（plurality）と得票順位が他者より上位というだけではなく、過半数票の獲得など、絶対多数の得票がなければ当選者としない絶対多数（majority）という二つの考え方がある。ただし、絶対多数制を採用する場合、候補者が3名以上いると、票が分散し

表　選挙制度の分類——選挙区制と議席決定方法の組み合わせ

		議席決定方法	
		多数代表制	比例代表制
選挙区制	小選挙区（定数：1）	小選挙区制	—
	大選挙区（定数：複数）	大選挙区多数代表制＊	比例代表制

＊「大選挙区多数代表制」では、基本的に有権者は当該選挙区の定数と同数の候補者に
　投票する（連記式）。日本では 1993 年の選挙制度改革まで衆議院議員選挙で採用され、
　現在でも参議院議員選挙（定数 1 以外の選挙区）で採用されている「中選挙区制」が、
　これに含まれる。この中選挙区制の場合、有権者は選挙区の定数とは無関係に 1 名の
　候補者に投票する（単記式）。
出典：石上泰州「選挙制度」、岩崎正洋編『選挙と民主主義』吉田書店、2013 年、15 頁の表 1-5
　をもとに、筆者が一部を修正。

てしまうことで、誰も過半数票を獲得できないケースもあることから、フラ
ンスで採用されている「小選挙区 2 回投票制」のように、なんらかの工夫が
必要となる。

　比例代表制とは、各党に対して得票に比例した議席配分を基本とする制度
であり、選挙区内の少数派であっても、その「分に応じた」議席を獲得でき
る。ただし、たとえば 5 議席を争う選挙区において 30％の票を獲得した政
党に配分すべき議席数は 1.5 議席となるため、同党の配分議席数は 1 なのか
2 なのかという問題が生じる。そのため、各党の得票を整数である議席に換
算するルールが必要となり、その方法としては「最大剰余法（ヘアー式）」
や「最高平均法（ドント式）」などがある。また各党への配分議席が確定し
たのちに、当選者を確定させる方法としては「拘束名簿式」と「非拘束名簿
式」がある。

対照的な二つの選挙制度とその混合

　ここまでみてきた選挙制度を分類するための二つの基準（選挙区制と議席
決定方法）を組み合わせると、表のように小選挙区制と比例代表制が対照的
な関係にあることがわかる。ただし、小選挙区は選挙区の定数が 1 であるた
め、多数代表制との組み合わせにしかならないが、比例代表制は、大選挙区
に分類される諸制度の一つにすぎず、大選挙区には多数代表制との組み合わ
せも存在する。

　小選挙区制に象徴される多数代表制は、大政党などの多数派勢力に得票率

以上の議席率を与える効果を有しているため、これを回避するより公正な制度として、19世紀中葉から、ベルギーをはじめとするヨーロッパ諸国で考案されたのが比例代表制である。

　また現在各国が採用している選挙制度のなかには、小選挙区制と比例代表制を混合した多くのバリエーションが存在しており、ドイツやニュージーランド、ルーマニアでは「小選挙区比例代表併用制」、日本の衆議院議員選挙では「小選挙区比例代表並立制」が採用されている。

課題

1. 選挙権の制限をめぐって、日本でも年齢要件の緩和（20歳から18歳への選挙権年齢の引き下げ）が行われた。他国では何歳が成人年齢・選挙権年齢とされているか調べてみよう。
2. 1993年の選挙制度改革により日本の衆議院議員選挙に導入された小選挙区比例代表並立制とはどのような制度なのか、調べてみよう。

読書案内

岩崎正洋編『選挙と民主主義』（吉田書店、2013年）
現代の民主主義において欠かすことのできない制度としての選挙が、各国のどのような歴史的展開のなかで発展を遂げ、その制度をめぐって、今日どのような議論がなされているのかを整理。

岩崎美紀子『選挙と議会の比較政治学』（岩波現代全書、岩波書店、2016年）
日本の選挙制度の問題点を明らかにするため、各国の選挙制度を世界共通の基準で分析し、民主的な議会のあり方について考察。

大林啓吾・白水隆編著『世界の選挙制度』（三省堂、2018年）
諸外国の選挙制度と比較検討するなかで、日本の選挙制度のあり方について考察。

（中田晋自）

5月　第4週　さまざまな政治体制

政治体制の分類

　「体制」という言葉には、支配の様式という意味が含まれていることから、「政治体制」とは政治の領域における支配の様式、と定義することが可能である。ただし、この定義では漠然としていることから、「政治体制」をより具体的に定義するならば、それは政治権力が国家を安定させ、自らの支配を維持するために必要な統治のしくみ、となる。

　歴史的には、古代ギリシャの哲学者アリストテレスが、統治のしくみから政治体制を類型化した最初の人物とされている。アリストテレスは『政治学』において、具体的には統治者の数（1人、少数、多数）と目的（普遍的、利己的）という観点を組み合わせて、政治体制を六つに類型化（王制、貴族制、ポリテイア［市民統治］、僭主制、寡頭制、デモクラティア［民主体制］）した。そのうえで、アリストテレスは多数による支配であるポリテイアとデモクラティアに関して、統治集団が自らの利益のために統治を行うデモクラティアを衆愚政治とし、統治集団が市民全体の普遍的な利益のために統治を行うポリテイアを評価していたのである。

　このように、デモクラティアという古代ギリシャ語には当初、マイナスの評価がなされていた。しかしながら、フランス革命などを経て、デモクラティアを語源とするデモクラシーという言葉にプラスの評価がされるようになっていき、デモクラシーとそれ以外の政治体制を区別することが、現在では一般的となっている。すなわち、統治者の数が多数なのか、1人あるいは少数なのか、という観点から政治体制を類型化した結果、デモクラシー（一般的には「民主主義体制」と訳されているので、この用語を以後使用する）と「非民主主義体制」に二分されるのである。

　そこで、以下では最初に非民主主義体制について、次に民主主義体制について、それぞれ説明する。そのうえで、とりわけ現代において世界的なイシューとなっている「民主化」、すなわち非民主主義体制から民主主義体制への政治体制の変動（政治変動）について取り上げる。

非民主主義体制

　スペインで育ったのちにアメリカで活躍した政治学者のホアン・リンスは、非民主主義体制を「全体主義体制」と「権威主義体制」に類型化した。双方ともに、一般的には「独裁」と称されている政治体制であるものの、一例としては政治的自由の程度において差異が存在する。一方において、全体主義体制の典型例とされているドイツのナチズムやイタリアのファシズム、ソ連のスターリニズムに関してはそれぞれ、国民社会主義ドイツ労働者党（通称ナチ党）やファシスト党、共産党といった支配政党以外の政党はすべて解散させられ、存在することすら認められなかった。つまり、全体主義体制においては、政治的自由がほぼ存在しないのである。他方において、権威主義体制ではシリアのバアス党体制にみられるように、支配政党であるバアス党以外の政党も、存在することを認められている。しかしながら、民主主義体制とは異なり、権威主義体制においては、支配政党と異なる政策的立場をとる政党の結成や活動に対して、厳しい制度的もしくは現実的な制約が課されることが通例である。ゆえに、野党が政治の場において相応の役割を果たすことは難しく、権威主義体制における政治的自由は限定的であるといえよう。

　なお、現代においては、非民主主義体制のなかで全体主義体制に分類可能な政治体制は、非常に少なくなっている。そこで、最近では権威主義体制と非民主主義体制を同一視し、権威主義体制と民主主義体制というように、政治体制を類型化することも行われている。このことは、民主主義体制がもてはやされる現代にあっても、権威主義体制がなお一般的にみられる政治体制であることを意味しており、ゆえに権威主義体制の頑健性や持続性に関する議論が国内外でなされている。こうした議論の多くは、支配政党がその優位を維持するために、他の政党をいかにコントロールするのか、といった観点から、議会や選挙における制度のしくみや現実の運用などに焦点を当て、権威主義体制の存続要因を考察しているのである。

民主主義体制

　民主主義体制は先述のように、統治者の数が多数であり、「人びとによる統治」を意味する。しかしながら、主権国家においては、人びと（正確には

国民）の数が一般的に多く、古代ギリシャの都市国家のように、「輪番制」で人びと（正確には市民）が統治の任に当たる直接民主制を採用することは困難である。そこで、主権国家においては国民主権が確立するのにともなって、統治を担当する専門家集団を、国民の選挙によって選出する間接民主制が採用されるようになり、現在にいたっている。すなわち、間接民主制では統治集団を選出する選挙が重要になったことから、国民にとっては選挙に際して自由に政治的な意思を表明できることが望ましい。民主主義体制において自由という価値に重きがおかれるようになった結果、「自由民主主義体制」という言葉が登場し、人口に膾炙しているのである。

　そこで、現代の民主主義体制を自由民主主義体制ととらえるならば、それは国民に自由な意思表明の機会が与えられ、また選挙への参加が保障されている体制、と定義することが可能である。アメリカの政治学者ロバート・A.ダールは、この自由と参加という観点から、現実に存在する政治体制を類型化することを提唱し、さらには研究者や実務家によって定義が異なる自由民主主義体制という言葉を、「ポリアーキー」と言い換えた。ポリアーキーとは、ダールの言葉を引用しながら定義するならば、「公的異議申し立て」および「選挙に参加し公職につく権利」の実現度合いが高い政治体制である。また、政治学で一般的に使用されている言葉を用いるならば、ポリアーキーは「市民的・政治的自由」および「普通選挙制度」が実現されている政治体制となり、ゆえに上述の自由民主主義体制の定義と一致していることがわかるであろう。

　なお、現代の民主主義体制に関しては、それを自由民主主義体制、あるいはポリアーキーととらえるにせよ、いずれも間接民主制を前提とする見方であることには留意すべきである。すなわち、国民による政治参加という行為を、基本的には選挙権の行使にのみ限定していることから、国民主権を狭くとらえている、との批判がなされている。このような批判は主に、「参加民主主義」論からなされており、間接民主制を補完する形での直接民主制の採用が、地方レベルだけではなく国家レベルでも望ましい、としているのである。さらに、参加民主主義を主張する研究者や実務家のなかには、国民が市民運動や住民運動などへの参加を通じて、主権者としての意識をより自覚的

にもつことができるようになる、と参加民主主義の効用を説く者も現れている。

　さて、ここまでは民主主義体制のとらえ方について考察してきたので、その体制の類型化について次に説明する。民主主義体制は伝統的に、「多数決型民主主義体制」と「合意型民主主義体制」に類型化されてきた。一方において、多数決型民主主義体制では、選挙で選ばれた多数派は自らの選好に基づいて、多数派のための政策を実施する。他方において、合意型民主主義体制では、選挙で選ばれた多数派は自らの選好に加えて少数派の選好にも考慮し、議会における交渉を通じて双方が合意した政策を実施する。

　アメリカの政治学者アレンド・レイプハルトは『民主主義対民主主義――多数決型とコンセンサス型の36カ国比較研究』において、36か国の民主主義体制が実際に、多数決型民主主義体制もしくは合意型民主主義体制のどちらに分類可能か、研究を行った。レイプハルトが10の制度に関する指標（執政権、執政府・議会関係、政党制、選挙制度、利益媒介システム、中央・地方関係、議会構造、憲法改正、違憲審査、中央銀行）を用いて36か国を比較した結果、多数決型民主主義体制の典型例とされたのがイギリスとニュージーランドであり、また合意型民主主義体制の典型例とされたのがスイスであった。また、レイプハルトは政府による政策実績の観点から比較すると、合意型民主主義体制のほうが多数決型民主主義体制よりも優れている、と結論づけたのである。

民主化

　民主化に関しては、アメリカの政治学者サミュエル・ハンチントンが『第三の波――20世紀後半の民主化』において、歴史的に3回の「波」があったことを指摘している。そこで、ハンチントンによる説明を最初に取り上げる。

　民主化の第一の波は、1828年から1926年にかけて生じたものであり、主に西ヨーロッパや北アメリカの諸国において民主化がみられた結果、約100年間に30か国以上で民主主義体制が誕生した。しかしながら、第一の波は1922年から1942年にかけて揺り戻しを経験し、第一次世界大戦前後に民主

化を経験した諸国を中心に、非民主主義体制が復活したのである。

　民主化の第二の波は、1943年から1962年にかけて生じたものであり、主に第二次世界大戦で敗北したイタリア、ドイツ、日本といった国々や、それまでの植民地が独立した国々において民主化が生じた。その結果、約20年間に新たに40か国で民主主義体制が誕生したものの、第二の波の揺り戻しは1958年に始まり、1975年まで続いた。この期間においては、主にアジアやラテンアメリカの新興独立諸国を中心に、非民主主義体制へと逆戻りしたのである。

　民主化の第三の波は、1974年に南ヨーロッパ諸国から始まり、その後ラテンアメリカやアジア、東ヨーロッパ、ソ連邦の諸国にまで及び、冷戦の崩壊にいたる約15年間に、新たに30か国以上で民主主義体制が誕生した。『第三の波』は1991年に出版されたため、第三の波に関するハンチントンの考察は、1990年までのこれら諸国における民主化で終わっているものの、第三の波は現代まで続いている、と指摘する研究者もいる。すなわち、1990年代のアフリカ諸国における民主化や、2010年から2012年にかけてのアラブ諸国における民主化（通称「アラブの春」）を、「拡大された第三の波」としてとらえているのである。なお、拡大された第三の波の揺り戻しとしては、民主主義体制が崩壊し、非民主主義体制が復活したエジプトがその代表例である。

　それでは次に、民主化の具体的なプロセスについて考えてみよう。本章においては先述のように、現代の民主主義体制を自由民主主義体制ととらえ、それを国民に自由な意思表明の機会が与えられ、また選挙への参加が保障されている体制、と定義した。すなわち、市民的・政治的自由および普通選挙制度が実現されている政治体制であり、ゆえに「民主化」に際しては自由権と参政権の拡大が必要であることになる。そこで、歴史的に振り返ってみると、民主化の第一の波と第二の波の時期に関しては、自由権と参政権双方の拡大をともなうことが多かった、といえる。だが、拡大された第三の波の時期に関しては、権威主義体制に代表されるような非民主主義体制をとる多くの諸国において、普通選挙制度はすでに実現されていたことから、自由権の拡大こそが民主化を意味するようになったのである。

課題

1. 「多数決型民主主義体制」と「合意型民主主義体制」に関して、それぞれの優れている点や劣っている点を調べ、比較してみよう。
2. 1990年代以降の「拡大された第三の波」において民主化を経験した国を一つ取り上げ、現状を調べてみよう。民主主義体制は維持されているであろうか。

読書案内

山口定『政治体制』（東京大学出版会、1989年）
政治体制について包括的に学ぶ際に必読の古典的名著。書店では入手不可能であるものの、主要な図書館には所蔵されていることが多いので、手にとって読んでほしい。

恒川惠市『新興国は世界を変えるか──29ヵ国の経済・民主化・軍事行動』（中央公論新社、2023年）
アジアやラテンアメリカ、東ヨーロッパなどにおける政治変動に関して、理論をふまえながらその実態を分析し、さらには国際関係に与える影響まで含めて包括的に説明している。

（小副川琢）

6月　将来の夢？

　今日は足利ゼミのあと、久しぶりに就職活動中の4年生が集まって、就職活動の息抜きと近況報告をしている。拝村丈章は足利ゼミの4年生。現在就職活動真っ只中だ。隣席する安本ゆかりも同じ4年生である。クマのぬいぐるみが好きなゆかりは在学中から簿記など会計の資格をたくさん取り、同学年のゼミ生のなかでは最も早く内定を得ている。その余裕がそうさせるのか、盛んに丈章をフォローしている。

　また、今日は足利ゼミOBで大学院に進学している岩川裕子も参加し、後輩との久しぶりの再会を楽しんでいる。

裕子：みんな就活が大変そうですね。授業との両立は大丈夫？　大変だろうけど、しっかりと学ぶにはいまはほんとうに良い機会ですよ。みんな、状況はどう？

ゆかり：わたしは地元のコンビニチェーンの内定をもらったのよ。北海道では有名で安定企業なんだよ。

丈章：いいなぁ。僕は連敗つづきだ。なにがいけないのかな。面接でいつもダメになるんだよ。

ゆかり：面接でなんて言っているの？

丈章：いや、きちんと社風とか覚えていくし、資本金とか覚えて、「御社のために覚えてきました」とアピールするんだよ。

ゆかり：それが問題かもよ。だって、それって誰でも言えることでしょ？　拝村さんらしさが見えないもの。

丈章：僕らしさ？

ゆかり：そう。あなたのセールスポイントって、そういうところではないように思うんだけどね。

丈章：僕のセールスポイントか。なんだろう？　犬が好きとか？

ゆかり：それもひとつだけど、それなら犬に関係する企業を受けないとだめだよ。もっと、あなたの人間性がわかるようなこと。もっと学生時代に楽しかったエピソードってないの？

丈章：いや、それはあまり人には言えないことばかりで……。うーん。少し考えてみるよ。ありがとう。ところで安本さん？

丈章はゆかりに話しかけた。

丈章：よく甘いものを好きな人たちを「甘党」とかって表現するけど、どうして"党"って言葉を使うのかな。

ゆかり：うーん、深く考えたことがないからわからないなぁ。でもどうしてそんなことを聞くの？

丈章：ほら、今度のゼミの課題が「政党とはなにか」っていうテーマでしょう。考えてみたら"党"って、政治の話以外でも甘党、辛党とか「好み」を表すときに使うことがあるよね。あえて"党"っていう言葉を使っているとすれば、そこに"政党"っていう枠組みを考えるときのヒントがあるんじゃないかと思って……。

実際のゼミが始まった。足利ゼミの方針で、3・4年ゼミにも希望する1年生は出席してよいことになっている。先輩・後輩の交流を促すねらいがあった。

丈章が、ゆかりとの会話で言っていたように、「政党って政治の「好み」ってことに関わるグループってイメージがあるんです」と意見を述べると、足利先生は「いい目の付け所だね」とほめてくれた。

4年ゼミ生：よっ、将来の大統領……じゃなかった、総理！

これを聞いた1年生たちがクスッと笑う。不思議そうな丈章とゆかり。

中原拓（1年）：いえ、先輩方の学年の課題は"政党"ですが、僕たちに

与えられた課題は"大統領制"なんです。これもまた不思議で、どうして人を囃し立てるときに"大統領"って言葉をよく使うけど、日本の制度を思えば「よっ、総理！」でもいいですよね。なぜ大統領なのでしょうか。

裕子：いずれにしても、普段、あまり意識せずに"党"とか"大統領"とかって言葉を使っているけど、政治学のゼミにいる以上、その意味をきちんと説明できるようにしておく必要があるかもしれませんね。

第1週　執政制度とはなにか

自由民主主義体制における執政制度の諸類型

　現在の先進国は自由民主主義体制をとっているという点で共通しており、自由や平等、基本的人権などの諸価値、そして、立法権（国会）、行政権（政府）、司法権（裁判所）からなる三権の分立が、いずれの国でも、憲法などによって厳格に規定されている。しかし、国家元首と政府の長の選出方法や国民による選挙の種別、あるいは行政権と立法権の関係などを規定するルールは、国によって多様である。本章では、これらのルールやしくみ全体を「執政制度」と呼び、表で示された諸基準に基づいてこれを三つの類型（議院内閣制、大統領制、半大統領制）に整理する。

表　執政制度の3類型

	議院内閣制		大統領制（アメリカ）	半大統領制（フランス）
国家元首	君主	大統領	大統領	大統領
選出方法	血統による相続	議会による選出	国民の選挙による選出	国民の選挙による選出
政治制度	君主制	共和制	共和制	共和制
政府の長	首相		大統領	大統領
行政機構の指揮者				首相
選出方法	議会多数派から首相を選出		国民の選挙により大統領を選出	国民の選挙により選出された大統領が首相を任命（首相は議会からの信任が必要）
行政権と立法権の関係	議会と内閣の相互責任（議会による内閣不信任と議会解散）		政権は議会多数派と関係なく成立（政権不信任も議会解散もない）	議会と政府の相互責任（議会による政府不信任と大統領による議会解散）
国家元首と政府の長	異なる人物		同一人物	同一人物
国民による選挙	議会選挙のみ		大統領選挙と議会選挙	大統領選挙と議会選挙

出典：岩崎美紀子『比較政治学』岩波書店、2005年、43頁の表 3-2 をもとに、筆者が項目を加除したうえで作成。

　執政制度のこれら3類型のうち、まず議院内閣制と大統領制（アメリカ）を比較検討するなかで両者の特徴を明らかにし、つづいてこれら二つの類型と半大統領制（フランス）を対比することで、半大統領制とはどのような執政制度なのか明らかにしていく。

議院内閣制と大統領制

　執政制度としての議院内閣制と大統領制の特徴を明らかにするため、ここでは表で整理した諸基準に基づいて比較検討していく。

　議院内閣制と大統領制を峻別する基準として、まず挙げられるのは行政権の長（政府の長）の選出方法である。議院内閣制では、政府の長である首相は議会多数派から選出される。そもそも議院内閣制では、国民による選挙が議会選挙のみであることから、行政権と国民をつなぐのは、内閣が議会に責任を負う責任政府である。これとは対照的に、大統領制では、政府の長は国民の選挙により選出されることから、議会を介することなく、行政権は直接の民主的正統性を有することになる。

　議院内閣制と大統領制はまた、国家元首と政府の長が同一人物か否かによっても区別可能である。すなわち、議院内閣制では両者が異なる人物であるのに対し、大統領制では同じ人物により担われる。大統領制における大統領選挙とは、まさに国家元首と政府の長を兼務する1人の人物を選出する制度なのである。議院内閣制では議会選挙しか行われないのに対し、大統領制では大統領選挙と議会選挙という二つの選挙が行われ、国家と社会がつながっている。

　なお、大統領が存在する共和制には、議院内閣制をとる国もあれば、大統領制をとる国もあるため、議院内閣制をとる国にも大統領が存在することには注意が必要である。共和制は、王権を否定した政治制度であり、国家元首が血統により相続されない制度である。共和制における国家元首は社会の側が選出するのであり、こうして選出された国家元首がまさに大統領なのである。

　さらに議院内閣制と大統領制とを区別する基準として、行政権と立法権の関係についてもみておく必要がある。すなわち、議院内閣制の特徴が内閣を

中枢とした行政権と立法権の協働であるのに対し、大統領制のそれは行政権と立法権の隔絶である。

議院内閣制では内閣が議会に対し責任を負う責任政府制がとられているのとは対照的に、大統領制では行政府（大統領府）は議会とは自律した関係にある。大統領と議会は異なる二つの選挙によってそれぞれ選出され、議会による政権不信任もなければ、政権による議会の解散もない。したがって、それぞれがそれぞれの任期をまっとうするのである。

また、大統領制における行政権と立法権の隔絶は閣僚においても徹底される。すなわち、議院内閣制においては、閣僚（行政府のメンバー）は与党議員（立法府のメンバー）であり、1人が二つの府に属することになる（議員であることが、必ずしも閣僚の要件ではないが、原則ではある）。これに対し大統領制では、閣僚は議員であってはならないのであり、閣僚になる場合は議員を辞職する。議員でないことが閣僚の絶対要件であり、1人が属することのできる府を一つとすることで、人を介した行政権と立法権の融合を防御していると考えることができる。

半大統領制

前述の執政制度の2類型（議院内閣制と大統領制）を比較することで、その特徴を明らかにした。これをふまえここでは、これらの融合的類型である半大統領制について、その特徴を明らかにしていく。

この融合的類型はフランスの現行体制（第五共和制）で採用されている執政制度であるが、1962年の憲法改正により確立されたこの執政制度を政治学者モーリス・デュヴェルジェが「半大統領制（régime semi-présidentiel）」と名づけたといわれる。この類型は、フランス第五共和制（1958年成立）の創設期における次のような論議を経て誕生した。

当時フランスの海外県であったアルジェリアの独立戦争が泥沼化するなかで、フランスの第四共和制は崩壊した（1958年）。このとき最後の首相として新憲法の起草にあたったのがシャルル・ド・ゴール将軍であり、国民投票を経て、同年12月に第五共和制が成立する。この新憲法は、議会優位型議院内閣制（大統領は議会が選出する名誉職的な地位）をとっていた第三・第

四共和制では、小党乱立のもとで連立内閣が短命のうちに次々と交代したという反省から、大統領の権限を強化する一方で、議会の権限を制限した。ただし、大統領の選出方法は国民による直接選挙ではなく、国会議員および各種地方議員を選挙人とする間接選挙にとどまり、しかも政府（内閣）は議会に責任を負うとされていたことから、第五共和制設立時点の執政制度は「権限が強化された大統領のいる議院内閣制」と呼ぶべきものであった。第五共和制の初代大統領に就任したド・ゴールは、アルジェリア独立に関する国民投票の可決と80万人を超えるアルジェリア在住フランス人の本国帰還の決定によりアルジェリア問題に一定の決着をつけたのち、大統領自身の政治的正統性強化を狙って、大統領の選出方法を国民による直接選挙へと変更する憲法改正を国民投票に付託し、可決させた（1962年）。

　この憲法改正により大統領の直接公選制が採用され、フランスの執政制度は「半大統領制」と呼ぶにふさわしいものとなったが、次の点において純粋な大統領制とは区別される（表参照）。すなわち、国家元首と政府の長を大統領という1人の人物が兼務する点では大統領制と同一であるが、同時に政府（特に行政機構）を指揮する首相もおかれている点で異なっている。首相の任免権は大統領が握っているが、首相は議会の信任を得る必要があるという点では議院内閣制の側面も有し、これに対抗する下院解散権を大統領が握っている点は半大統領制のユニークな側面である（議会と政府の相互責任）。

　こうして、フランスの行政権には大統領と首相という2人のリーダーが存在することになるが、大統領選挙により選出された大統領に対して敵対的な党派が議会選挙で多数派を獲得する「ねじれ」状態に陥る可能性がある。フランスではこれを「コアビタシオン（cohabitation）」（保革同居政権）と呼び、この場合、首相は大統領の意向ではなく、議会多数派が信任した者とならざるをえず、大統領は憲法により明示的に大統領の権限と定めている国防と外交の領域（留保領域）に専念せざるをえなくなるなど、その裁量権は大幅に制限されることになる。

現代民主主義の「大統領制化」──執政制度の違いを超えた共通の現象

　2005年に発表されたポグントケとウェブの共同研究は、政治リーダー

（政権担当者）へ権力が集中する政治の「大統領制化」が現代の民主主義諸国における共通の現象として観察されるとし、英国やイタリアなど議院内閣制を採用する国々を含む 14 か国を対象とした実証研究を行っている。本章ではここまで、執政制度を三つの類型（議院内閣制、大統領制、半大統領制）に整理し、その違いについてみてきたが、彼らの大統領制化論は、そうした執政制度の制度的分類ではなく、むしろ、その違いを超えたところにみえてくる現代民主主義の実態に着目した議論であるといえる。

課題

1. 現在日本が採用している「執政制度」は、議院内閣制・大統領制・半大統領制のいずれに該当し、どのような特徴を有しているか、調べてみよう。
2. フランスの「執政制度」である半大統領制において、選挙の結果生じる「ねじれ」の状態を「保革同居政権」と呼ぶが、議院内閣制や大統領制ではどのような場合に「ねじれ」の状態が生じるか、調べてみよう。

読書案内

岩崎美紀子『比較政治学』（岩波書店、2005 年）
「民主主義」「君主制と共和制」「立法権と行政権」「連邦主義と単一制度」という四つのテーマについて、各国比較を通じて類型化するとともに、比較政治学の方法論について解説。

日本比較政治学会編『執政制度の比較政治学』（日本比較政治学会年報、ミネルヴァ書房、2016 年）
議院内閣制、大統領選挙制、半大統領制を採用している国々を研究対象として取り上げ、執政制度がどのように機能しているのかについて、各国の専門家たちが事例研究を通じて考察。

T. ポグントケ／P. ウェブ『民主政治はなぜ「大統領制化」するのか──現代民主主義国家の比較研究』（岩崎正洋監訳、ミネルヴァ書房、2014 年）
現代民主主義諸国にみられる政治的リーダーへの権力集中を「大統領制化」という概念で把握し、イギリスやイタリアなど議院内閣制を採用する国々を含む 14 か国において、その過程を実証的に分析。

（中田晋自）

6月 第2週　国家とはなにか

　「国家」とはなにか。「国家」の3要素といわれているのは、①「領域」（領土、領海、領空を含む、地理的・空間的な領域）、②「主権」（国内における排他的・実効的支配権を示す「対内主権」と、対外的な独立・他国からの承認・他国による支配に服していないことを表す「対外主権」を含む）、③「国民」（国家を構成する人民）である。

　近代以降、この「国家」を中心として、政治が行われるようになった。歴史的には、ヨーロッパの近代国家形成において、「国家形成」と「国民形成」という二つの過程が進行することによって、「国民国家」が成立する。この「国民国家」は、やがて20世紀になると、先進諸国のみならず発展途上国を含む世界のあらゆる地域に拡大し、国内政治においても、国際政治においても、重要な役割を果たすようになる。次に、19世紀から20世紀にかけての「世紀転換期」に大きな変化が生じたといわれる「国家機能の変遷」に注目してみたい。

国家機能の変遷──19世紀から20世紀にかけて

　国家が果たす役割についてどのように考えられてきたのか、歴史的な変化・変遷をみていこう。近代以前の時代（前近代：古代や中世）において、国家は、国防・警察・裁判などの国内秩序を維持するための必要最小限の役割を果たしているにすぎなかった。ところが、絶対王政の時代（近世）においては、その国の君主（国王など）が領土拡大や集権的な政治を行うために、「官僚制」と「常備軍」を整備するようになると、国家の役割にも徐々に変化が起きた。「市民革命」を経て成立した「近代国家」の時代（近代）になると、国家に必要最小限の役割のみを求める、いわゆる「夜警国家」観（国家の機能は、国防・治安維持など必要最小限にとどめるべきという国家像）が急速に拡大し、国家は、国民生活にはできるだけ介入せず、一定の距離をとることが求められ、「自由権」の普及や、経済的な「自由放任主義」が一般的となる。これが「近代国家」の時代である。「近代国家」は、「夜警国

表　世紀転換期における国家機能の変遷

19世紀的国家（近代国家）	20世紀的国家（現代国家）
夜警国家（国防・治安維持など必要最小限） 消極国家（消極的役割のみ果たせばよい） 立法国家（政治の中心は立法府である議会） 小さな政府（政府の規模は小さいほうが望ましい）	福祉国家（国民生活全般あらゆる分野に及ぶ） 積極国家（積極的役割を果たすべき） 行政国家（行政府の役割が拡大） 大きな政府（政府の規模は大きいほうが望ましい）

家」のみならず、「消極国家」（国家は消極的役割のみ果たせばよい）、「立法国家」（立法府である議会が政治の中心）、「小さな政府」（政府の規模は小さいほうが望ましい）とも呼ばれるようになる。

　やがて19世紀末から20世紀初頭（世紀転換期）になると、国家に劇的な変化が起きる。国家への役割期待が急速に増大することで、いわゆる「現代国家」の時代（20世紀以降）には、国家に対しては、国防・治安維持などの必要最小限の役割のみならず、もっと積極的に多くの役割や機能を果たすことが求められるようになった。これが「現代国家」の時代である。「現代国家」は、全国民が安定した人生や生活を維持できるようにするための「社会保障」や「福祉サービス」を手厚く保障するなど、多くの役割に応える必要（ニーズ）が増大した。その結果、「現代国家」においては、「福祉国家」観（国家の機能は社会保障制度を中核として国民生活のあらゆる領域に及ぶべきという国家像）に基づき、国家の責任で国民生活を積極的に支えることが求められるようになった（「国家による自由」）。「現代国家」は、「福祉国家」のみならず、「積極国家」（国家は積極的役割を果たすべき）、「行政国家」（行政府の機能が拡大）、「大きな政府」（政府の規模は大きいほうが望ましい）とも呼ばれるようになった。

20世紀前半における転換——「集団」と「大衆」の登場

　この世紀転換期に生じた変化は、国家機能の変化にとどまらない。政治学という学問においても、現実に起きた二つの現象に影響を受け、新たな領域が誕生した。「政治過程論」「政治行動論」の誕生である。

　その背景には政治過程への「大衆」の登場と、政治過程への「集団」の登場がある。

　まず、選挙制度改革によって、身分や性別あるいは納税額などによって選挙権が厳しく制限されていた「制限選挙」が廃止され、一定の年齢に達した国民にすべて選挙権を与える「普通選挙」が導入されるようになると、政治的発言権を得た「大衆」が有権者（選挙権をもった国民）として政治過程に影響を与えるようになる。政治過程に圧倒的多数の「大衆」が登場することで、政府は「大衆」の意見や要求を無視できなくなり、「大衆」の動向が政治に大きく影響するようになったのである。その結果、「大衆」の政治意識や政治行動を分析する「政治行動論」が誕生した。

　次に、世紀転換期においては、さまざまな社会集団・団体の結成が相次いだ。具体的には、最終的には政権を目指して活動する「政党」や、労働者をはじめとしてさまざまな業界の利益を守ろうとする「利益集団」や、自分たちの抱える問題の解決を要求して活動する「社会運動」などである。19世紀から20世紀にかけてさまざまな社会集団・団体の結成が相次いだ現象を「集団の噴出」と呼ぶ。多くの社会集団は、自らの利益の実現や目標の達成を目指して、政治にも関与するようになる。その結果、「集団」の政治活動を分析する「政治過程論」が誕生した。

　以上のような変化は、政治学に大きな影響を与えた。19世紀までの政治学は、政治制度や政治機構などに注目して、政治現象に対して静態的に把握しようとする傾向が強かった。ところが、20世紀以降の政治学は、さまざまな集団や大衆が、新たに政治過程に登場することで、政治現象のダイナミックな動きを動態的に把握しようとする傾向が強まったのである。その結果、「政治過程論」や「政治行動論」などの新たな政治学の領域が誕生した。「政治過程論」はさまざまな集団が政治に影響を与える過程を分析し、「政治行動論」は人びとの心理や行動が政治にどのような影響を与えていくかを分析するようになった。

　では、20世紀以降の政治学が「政治」をどのように分析するようになったのか、図を使って説明してみよう。政治のシステムに共通しているのは、統一的な意思決定を行う「政府」と主権者として政治に発言権をもつ「国民」を結び付ける回路として、二つのサイクルが存在することである。一つは、「国民」の要求を受けて、「政府」が政策を決定するサイクル。もう一つ

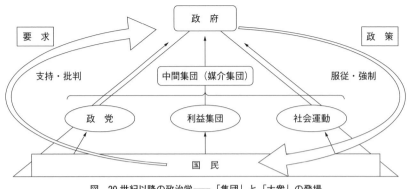

図　20世紀以降の政治学――「集団」と「大衆」の登場

は、「政府」が決定した政策について、「国民」が「政府」を「支持・批判」するのに対し、「政府」が決定した政策への「服従・強制」を要求して、指導や権力の行使を行うサイクルである。以上の二つのサイクルが機能するうえで重要な役割を果たすのが、「政府」と「国民」の中間に位置して、その両者を媒介する「中間集団（媒介集団）」である。政治の世界においては、「国民」の利害や要求が、そのまま直接的に「政府」に伝わることは難しいため、これらの「中間集団（媒介集団）」が存在し、それらを経由することによって、間接的に「政府」に伝わるのが通常である。そして、この「中間集団（媒介集団）」の代表例が、政党・利益集団・社会運動などである。

20世紀後半における転換――「新しい社会運動」と「新自由主義」

　1960年代から1970年代にかけて、ふたたび大きな変化が生じた。一つは、主にヨーロッパを中心に「新しい社会運動」が登場したことで、政治過程に大きな変化が起き、政治学においても「新しい政治論」という新たな研究領域が生まれた。「新しい社会運動」とは、1960年代末から1970年代にかけて、ヨーロッパを中心とした多くの先進諸国で同時多発的に噴出した、従来の「利益集団」や従来型の社会運動（労働運動）とは異なる、新しいタイプの社会運動（具体的には、エコロジー運動、フェミニズム運動、反原発運動、平和運動など）である。これらの「新しい社会運動」の登場を受けて、これまでの政治過程に新たなイシュー（争点）やアクター（主体）が加わること

になった。しかも、「新しい社会運動」が解決を求める諸課題は、各国の国内レベルにおいて解決不可能な課題も多く、国際レベルにおいて解決を模索せざるをえないという意味でグローバルな志向をもつことになった。この「新しい社会運動」の登場は、従来の「政治過程」にも大きな変化を及ぼすことになる。

　もう一つは、1970年代から1980年代にかけての「新自由主義」の台頭である。1970年代に起きた石油危機以降、世界的な大不況が長期化した。そのため、各国政府は「財政赤字」からの脱却を模索するのだが、「増税」に対する国民の反発や、「福祉国家」や政府部門の非効率性への批判などを受けて、「福祉国家」（「大きな政府」）の見直し・再考が検討されるようになる。政府収入の増加ではなく、政府支出の削減が検討されるようになったわけである。この新たな政策提案は、「小さな政府」論の再登場という性格を帯びる。この「小さな政府」論を支える思想潮流として「新自由主義」が急速に台頭した。「政府」の規模や予算を大幅に縮小し、「市場」メカニズム（競争重視）を大胆に導入することによって、「財政赤字」の縮小を目指す一連の政策（国営企業の民営化、規制緩和、民間委託の促進、など）を実施する「新自由主義」的志向は、その後、世界各国に急速に波及した。しかし、2000年代に発生した「世界金融危機」や、2020年代に起きた「コロナ危機」は、「小さな政府」論の限界や問題点を浮かび上がらせており、国家の役割について、あらためて考えてみる必要が生じている。

課題

1．ヨーロッパの近代国家形成において必要だった二つの過程である「国家形成」と「国民形成」とは、具体的にどのようなものだったか、調べてみよう。
2．国家の役割について、20世紀以降は「大きな政府」が主流となり、20世紀後半には再び「小さな政府」が主張されるようになった。現在、国家が果たすべき役割とはなにか、国家の規模や責任はどの程度が適切なのかを自分なりに考えてみよう。

篠原一『ヨーロッパの政治——歴史政治学試論』（東京大学出版会、1986 年）
近代以降のヨーロッパにおいて、国家形成や国民形成がどのように行われてきた
かについて、歴史学と政治学の両方の観点から分析しようとする古典的著作。著
者自身の「歴史政治学」構築の試みとしても面白い。

田口富久治『社会集団の政治機能』（未来社、1969 年）
19 世紀末から 20 世紀初頭にかけて、先進諸国で「集団の噴出」が起こり、政治
および政治学に大きな変化が起きた。多くの社会集団が政治の舞台に登場したこ
とで、新たに「政治過程論」という政治学の新領域が誕生することになった。

小野耕二『転換期の政治変容』（日本評論社、2000 年）
1960 年代から 1970 年代にかけて起きた「新しい社会運動」の登場とそれによる
政治過程の変化を把握しようとする論文集。「新しい社会運動」の登場は、新た
な社会集団の政治過程への参加を促し、「新しい政治」論という政治学の新領域
が誕生することになった。

（大園　誠）

政党の役割

政党とは、「共通の政治理念や主義主張をもつ人びとによって組織され、一定の政策や利益を実現するために、政治権力の獲得を目指す団体」のことである。

政党が担う第一の機能は、社会に存在するさまざまな利益・要求・意見を拾い上げ、相互に調整し、政治の場に反映させ、最終的には議会で特定の政策として決定することである（利益表出機能／利益集約機能）。第二は、国民に対し政策上の課題や争点、さらには解決策を提示し、政治に対する関心を高めることである（政治的社会化機能）。第三は、将来の政治指導者としてふさわしい人材を発掘し、政治家の登用・教育・育成を担うことである（政治指導者のリクルート機能）。第四に、わが国のような議院内閣制のもとでは、通常、庶民院（衆議院）の第一党のリーダーが首相となって内閣を形成する（政府形成機能）。これに対し、野党には政府・与党とは異なる政策的選択肢を示し、与党の失敗に備えて政権交代の受け皿を準備することが求められる。議院内閣制のもとでは、行政に対するチェック機能は実質的には野党によって担われているといってよい（政府監視機能）。このように政党は、現代の民主政治のあらゆる局面において重要な役割を果たしている。

政党組織

政治学における政党のとらえ方には、主に政党内部の組織構造に着目する政党組織論と複数の政党のあいだに展開される相互作用としての政党システム論がある。ここではまず、前者に基づく政党の類型を確認しておこう。

第一に、伝統的な政党組織のあり方として、「幹部（名望家）政党」がある。これは、19世紀の名望家政党に由来する組織形態であるが、20世紀以降にも残っている。地方の有力者（名望家）は自らの議員活動のために、支援者たちと幹部会を組織したが、これら組織のゆるやかな連合体という性格が強い。したがって、政党構造としては分権的で各議員の自立性が高い。制

限選挙の時代の産物であるため、議会外の有権者を組織化する必要はなく、あくまで議員中心の院内政党であり、閉鎖的なインナーサークルであった。現代においてもその名残はみられ、欧米の保守政党や日本の自民党などはこのカテゴリーに分類されることが多い。

　第二の「大衆政党」は、19世紀末から20世紀にかけて、選挙権の拡大を背景として登場した政党組織である。労働者を含む普通選挙制の実現によって膨大な一般大衆が新しい有権者として登場すると、選挙で当選するためには、こうした有権者の支持を動員するための院外政党組織が必要になり、党大会や党綱領などのしくみが整えられた。支持者は党員となり各地の支部組織に加入し、党費を払い、日常活動や選挙運動を支えた。したがって、政党構造は民主的であると同時に集権的でもあり、党内の権力は、党大会によって選ばれる指導部に集中した。党指導部は院内の議員たちに対するコントロールも発揮することができた。各国の社会主義政党や共産党などがこのカテゴリーに分類される。

　第三は「包括政党」である。第二次世界大戦後の先進民主主義諸国は、総じて高度経済成長期を迎え、経済的な豊かさを実現した。この背景のもと、主要政党にとって、露骨なイデオロギー的主張や特定の階級的利益の追求はもはや有効な戦略ではなくなった。また、財政的には企業・団体献金に依存する一方で、一般党員の役割は低下し、執行部の地位が強化された。この結果、現代の民主主義諸国における主要な政党は、選挙において保守・革新などのイデオロギー的立場を前面に出さず、「国民政党」であることをアピールし、有権者全体の支持を獲得しようと努力するようになった。

問われる政党の存在意義

　現代における政治的変化の一つに、政党と有権者、あるいは政党と利益集団との結びつきの希薄化がある。党員の減少や無党派層の増加によって、従来の政党組織も変容を迫られることになった。今日、選挙戦を有利に戦うためには、世論調査にはつねに敏感でなければならない。また、膨大な無党派層の心をつかむためには、選挙コンサルタントやメディア対策アドバイザーのような専門家が果たす役割が大きくなっている。こうした変化をもって、

社会的利益の代表よりも選挙の勝利のみに特化する「選挙プロ政党」の登場を指摘する学者もいる。他方、党員数が減少しつづけ、有権者や利益集団との結びつきが薄れると、既成政党の多くは、国家の財政的資源（政党助成金など）への依存を強めた。このように、既得権の独占という点で政党同士が結託し、有権者との乖離を深める傾向から、現代の政党を「カルテル政党」として特徴づける学者もいる。最後に、政党およびその社会的基盤の弱体化は、大衆扇動に長けたカリスマ的指導者の登場を呼びやすい。この種の指導者による「政治の人格化」の動向に、「パーソナル政党」への懸念を表明する学者もいる。こうした政党のあり方は、21世紀以降に台頭し、反移民・反グローバル化等の主張を掲げる右翼ポピュリスト政党にも顕著にみられる。

政党システム

　先進民主主義諸国では、複数の政党が政権の獲得をめぐって競争や協調などの相互作用を繰り広げている。こうした政党政治のあり方を一つのシステムとして把握する概念が「政党システム」（政党制）である。世界各国はそれぞれの歴史的背景のもとで独自の政党システムを形成している。かつてジョバンニ・サルトーリは、世界の政党システムを三つの基準（政党の数、政党間の勢力関係、イデオロギー的・政策的距離）に沿って七つのモデルに類型化した。これは登場から50年近く経った現在でも広く参照される類型論である。

　それでは、政党システムの形状はなにによって決まるのか。その有力な要因の一つが選挙制度である（5月第3週「選挙とはなにか」を参照のこと）。モーリス・デュヴェルジェは、小選挙区制には二党制をもたらす傾向があり、その裏面として、比例代表制には多党制をもたらす傾向があることを指摘した（「デュヴェルジェの法則」）。これは、小選挙区制のもとでは、制度自体の力学として死票が多くなるため、第二党以下が淘汰されるからであり（機械的要因）、また、有権者も自分の投票が死票となることを避けるために、三番手以下の政党への投票を控える傾向があるからでもある（心理的要因）。ただし、この法則はあくまで一つの選挙区内での政党競争を想定したものである。したがって、特定の地域のみで局地的な人気のある小政党が存在する場

表　サルトーリの政党システム類型

非競合的システム	一党制	一つの政党のみ存在（他の政党の存在自体が許されていない）	旧ソ連、北朝鮮など
	ヘゲモニー政党制	複数政党が存在するが、競争がなく、一つの政党のみが政権掌握	旧東欧諸国、中国など
競合的システム	一党優位制	複数の政党間で自由な競争があるにもかかわらず、特定の政党がつねに選挙に勝利し、長期にわたって政権を独占する	日本（1955年体制）インド（1952～77年）スウェーデン（1932～76年）
	二党制	二つの政党が政権を求めて競争し、多数派政権を形成する　定期的に与党と野党が入れ替わる（政権交代）	イギリス、アメリカ
	穏健的多党制	政党数が三～五つであり、イデオロギー的距離は小さい　政党間の政策的妥協が可能である　各党が中央に向かう傾向がある（求心性）ので安定した連立政権となる	旧西ドイツ　デンマーク、オランダなど
	分極的多党制	政党数は五つ以上であり、イデオロギー的距離は大きい　政党間の政策的妥協が困難である　各党が反対方向を向いている（遠心性）ので不安定な連立政権となる	ヴァイマール期ドイツ　1993年までのイタリアなど
	原子化政党制	抜きん出た政党が存在しない乱立型の小党分立システム	マレーシア

合、その地域の選挙区では全国的な二大政党を抑えて議席を得ることができるため、小選挙区制のもとでも政党システムが多党化する事態も起こりうる。このような法則の逸脱ケースとしてはカナダとインドが挙げられている。また、近年では、二大政党制のモデルとされてきたイギリスにおいて多党制化が恒常化しつつある。

　わが国では、自民党の一党優位制（1955年体制）が1993年に崩壊し、衆議院の選挙制度改革（小選挙区比例代表並立制の導入）を経て、政党再編が繰り返された。2000年代には小選挙区特有の力学から二大政党化が進み、2009年総選挙で民主党が勝利し政権交代が起こった。しかし、2012年総選挙で再び自民党（および公明党）が政権復帰を果たした。以後、低投票率が続くなか、日本の政党システムは自民党「一強多弱」の様相を呈している。

課題

1．日本のいくつかの政党のウェブサイトにアクセスして、歴史や政策・主張、組織の特徴を調べ、くらべてみよう。
2．興味のある国の過去の選挙結果を調べて、その国の政党システムの変化をまとめてみよう。

読書案内

待鳥聡史『政党システムと政党組織』（東京大学出版会、2015 年）
政党論・政党システム論に関する最新の専門的概説書である。初学者には難しいかもしれないが、現代の政党論にかかわるテーマや争点はほぼ網羅することができるので、政党に興味のある人はチャレンジしよう。

G. サルトーリ『現代政党学——政党システム論の分析枠組み』（岡沢憲芙・川野秀之訳、早稲田大学出版部、1992 年）

A. パネビアンコ『政党——組織と権力』（村上信一郎訳、ミネルヴァ書房、2005 年）
以上二冊は、現代の政党論に決定的な影響を与えた政治学者による古典的著作である。

（柳原克行）

利益集団とはなんだろうか。ひとことでいえば、「共通の利益をもつ人びとの集合」と言い表すことができる。たとえば、大学生というのは、4年間、大学という場所に籍をおき、公式には講義やゼミに参加し、非公式にはサークルやアルバイトなどを経験しながら、大学を卒業していくまでの学生を指す。どの大学の学生であったとしても、なんらかの共通の利益があると考えることができる。「講義はわかりやすく面白いほうがよい」「授業料は安いほうが助かる」「就職のためのサポートは充実していたほうがよい」などである。しかし、共通の利益が仮に存在するとしても、その人びとが集まって「団体」をつくろうとするかどうかはわからない。もし大学生が自分たちには「共通の利益」があることに気づき、それを実現するために「団体」をつくったとき、それを「利益団体」と呼ぶことができる。利益集団に属する一部または全部の人びとによって、共通の利益を実現するためにそれが組織化されると、「利益集団」が「利益団体」にいわばバージョン・アップするわけである。さらに、その要求を実現するために、国や政府などになんらかのはたらきかけ（圧力活動）を行うようになると、それは「圧力団体」と呼ばれるようになる。つまり、「利益集団」→（組織化）→「利益団体」→（圧力活動の開始）→「圧力団体」と整理することができる。

さらに、自分たちに実現すべき「共通の利益」があることに気づいていない場合には、それを「潜在的利益集団」と呼ぶ。「共通の利益」が存在するにもかかわらず、それが明確に認識されていない利益集団のことである。また、その「共通の利益」が、個別的あるいは私的なものではなく、環境保護や世界平和などの「公共的な利益」を目指している場合には、それを「公共的利益集団」と呼ぶこともある。

利益団体の政治的機能と問題点

利益団体は、政治的にはどのような役割を担っているのだろうか。利益団体の政治的機能として三つを挙げておきたい。①「代表制の補完機能」（地

域を越えたさまざまな職能利益を国レベルの政治に反映させる）、②「情報提供の機能」（利益団体は、自己の専門分野に関する専門的で高度な情報を提供できる）、③「政党機能の補完」（政党によっては代表されえない利益を表出することができる）。つまり、利益団体の活動によって、わたしたちの多様な利害・利益の一部が政治に反映されるという回路がつくられ、政治が活性化するという効果が存在するといえるだろう。

　その一方で、利益団体が政治に影響力をもつことで生じる問題点もある。①利益団体は「社会のエリートの手段」にとどまる可能性がある、②利益団体は「拒否権行使集団」として機能してしまうことがある、③利益団体の「過剰代表」の問題、④政策決定過程における癒着の構造（「鉄の三角形」）を作り上げる危険性である。つまり、特定の利益団体の影響力が大きすぎると、国民全体の利益ではなく、一部の利益団体の利益のみが政治に過大に反映されてしまい、政治をゆがめてしまう可能性があるといえる。

　以上みてきたように、利益団体は、その利益団体に属するメンバー（特定の利害関係者）の「共通利益」を政治に反映させるという重要な役割を担っているといえるが、その「共通利益」も国民全体からみれば「部分的利益」にすぎないことには注意せねばならない。国内政治においても、国際政治においても、利益団体の活動は政治的に非常に大きな影響を与えることがあるが、その活動がどのような人びとの「共通利益」を背景にしているかを客観的に観察・分析することで、特定の利益団体と政治との癒着が発生して政治がゆがめられないように監視する必要もあるだろう。

政党と利益集団の比較

　それでは、政治過程において、政府と国民との間を媒介する集団（「媒介集団」もしくは「中間集団」とも呼ばれる）のなかでも代表的な二つの集団である、政党と利益団体を比較してみよう。政党と利益団体は、一方では、国民の間に存在するさまざまな利益を、政府に伝えるための「パイプ役」としての共通性をもっているが、その一方で、多くの相違点ももっている。ここでは、六つの相違点について比較してみよう。第一に、その特徴について、政党は共通の理念や政策をもち、その実現を目指すために「一般的・国民的

利益」を重視するが、利益団体は自らの「特殊利益・個別利益」の擁護・増進を目指す。第二に、政党の中心的機能は「利益集約機能」（人びとの多様な利益や主張を政策にまとめる＝集約する機能）であるのに対し、利益団体の中心的機能は「利益表出機能」（自らの利益や主張を政治の場へと伝える機能）である。第三に、政策実現のために究極的には「政権獲得」を目指すのが政党であるのに対し、利益団体は必ずしも「政権獲得」を目指さない（どのような政治勢力が政権についていても自らの利害の実現を目指すのみ）。第四に、「選挙に対する関与の仕方」として、政党は自らの候補者を立てて選挙を戦うのに対し、利益団体は自らの独自候補を立てるよりも応援中心であり、資金援助（政治献金）や票のとりまとめ（組織票）を行うことが多い。第五に、「運動の仕方」として、政党は国民の支持獲得のために広く国民や世論に訴えかけるのに対し、利益団体は政府・議会・政党・官僚などに公式・非公式の働きかけを行う。第六に、「責任のとり方」について、政党はその活動の結果について国民に責任を負う（選挙などで責任が問われる）のに対し、利益団体はその活動の結果について政治的・社会的責任を通常とらないことが多い。

利益団体政治の日米比較

　以上みてきたように、政治という場において、利益団体は政治的主体（アクター）の一つとして、さまざまな影響力をもっており、そのような利益団体が躍動する政治のことを「利益団体政治」と呼ぶ。ここでは、日本とアメリカという二つの国における「利益団体政治」を比較してみよう。

　アメリカでは、利益団体の代理人として、利益団体からの依頼を受けて議会や政府などの政策決定過程に影響力を行使する「ロビイスト（lobbyist）」と呼ばれる人びとが非常に重要な役割を担っている。それらのロビイストたちは、主に議会（政治家）への働きかけ（対議会工作）を得意としている。ロビイストの活動はアメリカ政府のほとんどの政策分野に及ぶため、1946年には「連邦ロビイング規制法」が成立し、連邦レベルでのロビイスト活動がはじめて規制されるようになった。

　日本の利益団体政治の特徴は、主に3点ある。①各利益団体が「政党ごと

に系列化」されており、②個人の自発的加入というより自動的加入方式をとっているため「集団丸抱え」的傾向が強く、③働きかけの主な対象は、政党・政治家よりも官僚などの行政機構を重視している。

利益団体政治の歴史

いまや現代政治において、利益団体は、その影響力だけでも無視できない大きな存在になっているが、「利益団体政治」に対する評価は、歴史的には変化してきた。利益団体政治のモデルはアメリカといってよいが、当初アメリカでは、多様な利益団体が存在し、さまざまな利害が競合・対抗しあうことで全体として政治の利害調整が行われることが肯定的にとらえられ、その政治システムは「多元主義」と呼ばれた。しかし、1960年代にはアメリカの「多元主義」の実態は、少数の特権的利益団体と政府が結び付き「鉄の三角形」を形成し、新たな集団・団体の政治への参入機会が奪われているとの指摘がなされ、その状態は「利益集団自由主義」と批判されるようになった。また、1970年代の石油危機以降、ヨーロッパでは、政府と労使の全国組織（政労使）が協調しながら政策決定するシステムが一定の拡がりをみせ「ネオ・コーポラティズム」と呼ばれるようになった。このように、利益団体政治の実態や評価については、時代によって変化しており、今後もさらに変化しつづけるのではないかと思われる。

課題

1．実際に存在する利益団体（圧力団体）にはどのようなものがあるか、自分で調べてみよう。日本国内で影響力の強い団体や、国際的に大きな影響力をもっている団体など、それぞれの特徴も確かめよう。
2．アメリカにおいて実際に存在する利益団体（圧力団体）にはどのようなものがあるか、自分で調べ、その規模や影響力についても確かめてみよう。

読書案内

アーサー・ベントレー『統治過程論』（喜多靖郎・上林良一訳、法律文化社、1994年）
アメリカの「集団理論」を代表する著作で、「利益集団」研究の出発点。20世紀

初頭のこの著作の登場によって、「政治過程論」という新たな政治学の分野が誕生した。

辻中豊・森裕城編『現代社会集団の政治機能――利益団体と市民社会』（木鐸社、2010 年）
日本を代表する利益団体研究者らによる論文集。現代政治における利益団体をめぐるさまざまな問題を、理論的・実証的に明らかにしている。

日本政治学会編『年報政治学 2012-Ⅱ 現代日本の団体政治』（木鐸社、2012 年）
現代日本の政治学者らによる「団体政治研究」。利益集団をめぐる包括的な論文集であり、団体政治研究の現状と到達点を確認することができる。

（大園　誠）

7月　ゼミ合宿に向けて

　今日は足利ゼミ（基礎ゼミ）が夏休みのゼミ合宿について話しあう日。
　場所は神奈川にある大学の保養所が第一候補ということで進んでいる。問題は、なにを話しあうか。そしてどういうスケジュールにするか。それ次第で予算も変わってくる。
　足利先生からは、「自分たちで話しあって決めなさい」と言われている。幹事は中原拓になった。平尾正哉や福留幸恵、玉坪武子も加わって話し合っているところだ。

　拓：合宿、どうする？
　正哉：あんまり勉強とかしたくないな。
　武子：わたし、あんまりお金がないんよね。どうせお金出すなら、テーマパークとか遊べるところに行きたいし、勉強だけっていうのは気乗りがせーへんわ。ほんとうはブランド物買って、日本経済に貢献したいねん。
　幸恵：いっそのこと、やめるって選択肢はないのかな。
　拓：いや、そうすると、先生にやる気がないってみられてしまいそうで……。その選択肢はないな。
　武子：行くなら、ちゃんと女子のことを配慮してね。おしゃれなところでないと行きたくない。わたしたちに負担をかけんといてね。お金や時間。忙しいねん。あなたたち、わたしを送りなさい。
　幸恵：食事にアレルギーのある人もいるだろうし……。

みな、口々にいろんなことを言って、隣どうしで話している。

（よくもまぁ、2泊3日の合宿で、次々といろんな意見が出るものだ。これを一つにまとめるのは、たいへんなことだ）

幹事をまかされている拓は、どこから手を付けていいかわからない。途方に暮れかけていると、そこに、足利先生が登場した。

足利先生：合宿の件、どうなりましたか？
拓：まだ意見を出しあっている途中です。全然まとまっていないです。
足利先生：そうか。では、こちらからテーマを指定しますね。国際政治のゼミですから、いまはアジアの安全保障か、ヨーロッパ。もしくは地方自治が世界の情勢とどうつながっているのかという話でもいい。この場合お金はかかるかもしれませんが、現場で働いていらっしゃるNPOの人とかに話が聞けるか打診してもかまいませんよ。
全員：あ、そういうの、気になります。
足利先生：では、わたしの知り合いが福島にいるから聞いておきます。福島に行くことになったら、交通費、宿泊費とも倍になるから、準備しておいてください。中原さん、それでいい？
拓：はい。
足利先生：じゃあ、ゼミが終わってから、今後の段取りについて相談するから、少し残ってください。それでいいですか？
全員：はーい。
足利先生：じゃあ、少し休んでから、本日のテーマに入るよ。今日のテーマはリーダーシップです。

　拓は「最初から先生が決めてくれれば、自分が悩むことはなかったのに」と多少の不満を感じた。「それにみんなもみんなだ。最初はあれだけ不満を口にしていたり、好き勝手言っていたりしたのに、費用が倍かかると言われても、素直に返事をしている」と。
　「でも……」とも思った。「どうして僕が仕切るとうまくいかなくて、先生だとうまくいくのだろうか。勉強が嫌だと言っていた正哉には、NPOの人とかの話を聞くことは、座学と違って魅力的だろう。ほかの人は、費用とか食事のこととか、いっさい意見せずに先生の言うことを聞いている。それでいいのかな？　それでいいとするなら、それが先生に対する信頼ってことな

のだろうか。たしか以前権威という言葉について勉強した。先生はみんなに信頼されているし、何より先生として権威づけられている。でも、それだけでみんな旅費を貯めるためにバイトまで一所懸命やるのだろうか」。

　そこで気になってきたのが今日のテーマである「リーダーシップ」という言葉だ。社会が多様な人びとで構成されている以上、さまざまな意見があろう。集団をまとめるには強いリーダーシップが必要だと聞くこともある。でも強いリーダーシップは危険だと聞いたこともある。リーダーシップってなんだろうか。強さとは、そして危うさとはなんだろうか。少し授業を聞いてみよう。

私たちは政治知識や情報の多くをマスメディアから得ている。メディアとは「媒介」という意味の言葉であり、情報の送り手と受け手の間に介在して情報を伝える存在である。したがって、マスメディアとは、不特定多数の人びと（マス＝大衆）を情報の受け手とするメディアであり、新聞、テレビ、ラジオなどが含まれる。現代ではインターネットやソーシャル・ネットワーキング・サービス（SNS）などがそこに加わるだろう。

　マスメディアの報道によって得られる内容が、わたしたちの現実認識の大きな部分を構成している。しかし、マスメディアが世の中のすべての出来事をありのまま伝えることは不可能である。したがって、メディアは多様な事象や出来事のなかから、各メディアが重要だと考える情報を能動的に選び受け手に伝えることになる。つまり、マスメディアは、伝える情報とそれ以外の情報を選別する「ゲートキーパー（門番）」としての役割を担い、社会に共有される情報を独占的にコントロールできる存在でもある。この結果、政治においてマスメディアは大きな影響力を発揮しうることから、立法、行政、司法の三権と並ぶ「第四の権力」と称されることもある。この意味で、マスメディアには権力監視の役割も期待されるが、近年はマスメディア企業と政府（政権）との距離の近さ、閉鎖的な記者クラブの存在などの問題も指摘されている。

マスメディアの政治的効果

　それでは、わたしたち情報の受け手に対し、マスメディアはどのような政治的効果を与えうるのだろうか。この点で、マスメディアとその政治的影響力に関する研究は時代とともに変化してきた。以下、歴史的な流れを紹介しよう。

　1920年代から30年代においては、ラジオや映画の発展やいわゆる大衆社会論を背景としつつ、マスメディアの影響力は人びとの行動や意見を大きく変えることができるとする「強力効果論」（「皮下注射モデル」「魔法の弾丸理論」とも呼ばれる）が有力であった。ただしこの学説はその後、実証可能

性および妥当性が問われてもいる。

　1940年代以降、マスメディアの影響力はむしろ限定的であると考えられるようになった（「限定効果論」）。アメリカの社会学者ラザーズフェルドは、1940年大統領選挙に際しオハイオ州エリー郡で調査をし、人びとの投票行動はその人が所属する集団内のコミュニケーションによって規定されており、マスメディアの影響はむしろ小さいことを示した。また、マスメディアが報じた情報は、まず人びとの所属する集団のオピニオンリーダーに届き、そのリーダーを通じて人びとに伝達されること、このメカニズムが情報のフィルターとなり、マスメディア自体の影響力を制約していることが示された（「コミュニケーションの二段の流れ」モデル）。

　1970年代以降、従来の社会調査に代わり実験手法が導入されたことを背景として、マスメディアの政治的影響力を再評価する「新しい強力効果論」が出現している。マスメディアは世界で起こる出来事をありのまますべて伝えることは不可能であり、伝達する情報には一定のバイアスがかかるため、その情報を得る人びとの認識とのあいだにズレが生じることは避けられない。このズレの効果に着目したのが新しい強力効果論であり、以下の三つの効果が有名である。

　第一は、マコームズとショーが提唱した「議題設定（アジェンダ・セッティング）」である。この説によると、マスメディアは政治的争点に対する人びとの意見を変えることはできないが、なにが重要な争点なのかという認識に影響を与えることができる。たとえば、外交安全保障の問題が集中的に報道されることで、情報の受け手はその問題が他の争点よりも重要であると考えるようになる。

　第二は、議題設定と関連して、アイエンガーとキンダーが提示した「誘発効果（プライミング）」である。誘発効果とは、マスメディアの報道において特定の争点が強調されると、その争点は、有権者が政治家を評価する際の基準としても比重を増すというものである。たとえば、外交安全保障に関するニュースに接触した人は、政治家の評価に際して経済問題よりも外交安全保障への評価に基づいて判断しやすくなる。

　第三は「フレーミング効果」である。これは、マスメディアによる報道の

仕方によって人びとの認知に影響を与えることを示している。つまり、同じ情報であっても、異なる枠組み（フレーム）に基づいて報道されると、受け手の認知の仕方は違ったものになる。アイエンガーによると、貧困や失業の問題をニュースとして報じる際に、問題の背景や構造を中心に報道するか（テーマ型フレーム）、実在の失業者や困窮者の生活状況を中心に報道するか（エピソード型フレーム）によって、視聴者の認知は大きく異なることが判明している。前者のテーマ型フレームの報道に接した視聴者は、貧困や失業の問題の責任が社会にあると考え、後者のエピソード型フレームの報道に接した視聴者は、個人の責任であると考える傾向が強い。ニュースをどのようなフレームで報道するかによって、マスメディアは情報の受け手の認知を操作することができるということである。

インターネット／SNS の浸透とマスメディア

　1990 年代後半以降、パソコンが普及しインターネットが人口に膾炙するようになると、マスメディアを取り巻く環境や条件は大きく変化することになった。とりわけ近年は「X」（旧 Twitter）や Instagram、TikTok 等の SNS、YouTube などの動画投稿サイトの利用者が増える一方で、従来型メディアの苦境（新聞購読率の減少、地上波放送テレビ視聴率の低下）が顕著となりつつある。

　従来型のメディアと比べて、インターネット／SNS の特徴は、一般の人びとによる情報発信が容易であること、受け手が受信する情報を取捨選択できること、対象を限定した（ニッチな）情報発信が成立することが挙げられる。これは同時に、従来型のマスメディアが保持していた情報発信の独占が崩壊しつつあることを意味している。一般ユーザーは有名人や政治家に直接意見を送ることが可能になった。また、見たい（知りたい）分野の情報だけを選択的に検索し受信することが普通となっている。このようにインターネット／SNS は、個人的選好を（変化させるのではなく）強化する存在になりつつある。

　この結果、インターネット／SNS の普及は、「集団的分極化」あるいは「エコーチェンバー」と呼ばれる現象を引き起こしているといわれる。ネッ

ト空間、とりわけ SNS において、人は自分の意見と異なる情報に触れることを避けるため、自分の関心や意見に近い情報を選り好んで接触する傾向がある。その結果、自分と同じような意見だけが共鳴しあう「エコーチェンバー」（反響室）に自らをおくことで、異なる意見への寛容性を失い、次第に極端な意見をもつようになる。

　また、インターネット上のサービスの特徴として、ユーザーの過去の行動がデータとして蓄積され、それに基づいて個人向けの情報やサービスが提供される（「パーソナライゼーション」）。従来のマスメディアは、できるだけ多くの読者や視聴者を獲得するために、比較的中立的な立場で情報を発信していたのに対し、インターネット／SNS の世界で個人が得る情報は、受け手の意見や選好に沿ったものである。この結果、異なった立場の人びとが議論をするために必要な前提となる情報の共有が困難となり、民主主義的な議論が衰退し、社会の分断がいっそう進むことも懸念されている。

課題

1．インターネット／SNS を含む、マスメディアが現実の政治動向に影響を与えた事例には、どのようなものがあるだろうか。調べてみよう。
2．近年の政治的争点を一つ取り上げ、その報道について、新聞社によってどのような違いがあるか、各社の特徴をまとめて比較してみよう。

読書案内

谷口将紀『シリーズ日本の政治 10　政治とマスメディア』（東京大学出版会、2015 年）
政治学の講座シリーズの一冊であり、現時点で、政治学分野におけるマスメディア研究のスタンダードな教科書である。

稲増一憲『マスメディアとは何か――「影響力」の正体』（中公新書、2022 年）
マスメディア研究の最新を知ることができる一冊。本文中に紹介した学説について、時代背景や研究動向の詳細まで解説されている。この分野に興味をもったら、まずはこれを一読しよう。

（柳原克行）

第2週　福祉国家とはなにか

　福祉国家とは、一般的に「社会保障制度（特に失業手当、老齢年金、医療保険が三つの柱）の整備を通じて、国民生活の安定を図ろうとする国家の機能」もしくはそうした役割を果たしている国家のことを指し、20世紀以降の先進資本主義諸国に共通の特徴である。逆に19世紀のように安全保障や治安維持のみに役割が限定されていた頃の国家を「夜警国家」と呼ぶ。

　福祉国家のいわば黎明期はイギリスの救貧法などにみられるが、歴史的に次の段階は、産業革命以降の時代、資本家階級と労働者階級に人間が分化した以降の、特に19世紀後半の時代である。保障のない時代に闘う労働者階級に対して、資本家、そして支配層は、労働争議を禁止しつつ、社会保険制度等を導入した。著名なものにドイツのビスマルクによる「アメとムチ」の政策がある。しかし、これらの政策はむしろ「治安維持」の色彩が濃く、保障の対象も限定的であった。

　現代の福祉国家の出発点となったのは、第二次世界大戦の終わりである。未曾有の戦争による国の荒廃、国民の疲弊を受けて、国民全体を保護し、戦後復興を国が責任をもとうとする計画が進められた。その先鞭をつけたのがイギリスのベヴァリッジの名をとったベヴァリッジ計画である。こうして第二次世界大戦の荒廃を受けて、労資も一致し、国家が国民生活を支えようとする「福祉国家」がスタートする。

　福祉国家のしくみを単純に理解しておこう。いまA、B、Cの3名からなる簡単な国家を想定しよう。Aは年収1000万。Bは500万。Cは失業中（つまり0円）である。この国では税率が所得の10％だと仮定すると、Aは1000万の10％、つまり100万円を国に収める。Bは50万円だ。これが国の歳入になる（ほかはないとしておく）。

　そして、（本来、このお金が公務員の給料や軍事費、えてして原発の補助金等に用いられるわけだが）今回は社会保障のみに用いられるとすると、この国ではCに「失業手当」としてAとBから収められた合計150万が与えられる。こうしてCはわずかではあるが、一文無しの生活から解放されて、次

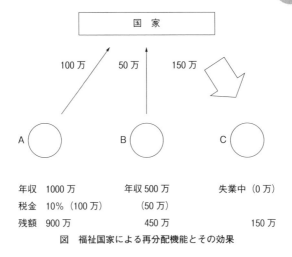

図　福祉国家による再分配機能とその効果

　の仕事が決まるまで生活していける見込みも立つ。こうしたお金の流れは、一度市場に散らばっていたお金を国が集めて、もう一度弱者に分配されるので「再分配機能」と呼ばれる。

　では、再分配によって結果的になにが起きるのだろうか。第一の効果は、生活が不安定化したCへ補助がなされることによって、Cは以前よりは暮らしていけるようになる。そうでなければ、19世紀末の西欧社会のように、死者が出たり、また社会に不満をもって労働争議などが多発したりする可能性がある。所得格差によって生じた国民の亀裂を、再分配機能によって統合する機能を果たしているといえる。こうして先進資本主義諸国に定着した福祉国家のシステムは、労使間の「戦後和解体制」と呼ばれることもある。

　第二に、再分配が行われることによって、若干だが、格差社会は平等な社会へと方向転換する。再分配がなされる以前はAとC、BとCの所得差額はそれぞれ1000万、500万もあった。それは再分配の結果、それぞれ750万、300万へと減額した。つまり、格差社会は少しだが平等な社会になった。「平等」が人間の追い求める普遍的な価値の一つであるならば、福祉国家の発展は、その理想に近づくことを意味する。

　では、福祉国家にマイナスの面はないのだろうか。しばしば問題として挙げられているのは「低所得者の依存」である。働かずに生活していけるので

あれば、その道を選択しようとする人も多かろう。福祉国家はそうして働かずとも、かろうじて暮らしていける状況を作り出し、もしすべての人がそうなれば、経済活動が停滞していくことになる。これは逆に高額の納税を強いられる高所得者の不満を生み出す。また、労働者を支える政治勢力においても、福祉国家に依存する労働者の不満は刈り取られてしまうので、「福祉国家は、国家による労働者の飼いならし」と批判されることになる。

オイルショック以降の福祉国家の変容

　第二次世界大戦後、戦後復興の好景気のなかで経済が順調に発展しているときは、福祉国家はやはり順調に拡大したといっていいだろう。しかし経済が大きく停滞すると、企業の経済活動が低下し、国の歳入が減少し、他方で失業者が増大して社会保障費も増大するため、福祉国家は「財政難」に直面する。戦後最初の危機は 1970 年代の石油危機のときである。

　この対応をめぐって、先進資本主義国の対応は大きく二つに分かれた。歳入を増やし（よって税率などを高めて）、福祉国家を維持する対応と、逆に（特に企業に対する）減税を実施し、企業活動を支援すると同時に、社会保障を切り詰める対応である。こうして、北欧の政治社会学者エスピン＝アンデルセンによれば、福祉国家は、三つに類型化されていくようになった。第一に、福祉国家、しかも全般的な平等主義を維持する北欧型の福祉国家。第二に、キリスト教的価値観によって支えられ、家族手当を重視し、いわば社会保障を選択的に切り詰める保守的な福祉国家。そして最後に、自助努力する者を支援するだけで、抜本的な福祉の縮減を行おうとした自由主義的福祉国家。このうち、最後を支えた思想は、一般的に新自由主義と呼ばれ、イギリスのサッチャー、アメリカのレーガン、日本の中曽根政権がその代表例である。

「福祉縮減」の時代へ

　ただし最後の自由主義的福祉国家であっても、社会保障、つまり一定の要件を満たせば国から支給されるお金を切り詰める政策には抵抗勢力が多かった。抵抗勢力が多ければ、それを主導する政治家は、次の選挙での落選可能

性が高まる。よってただちに改革が進むことはなく、福祉国家の縮減は所詮夢物語といわれた時期もあった。

しかし、東西冷戦が終わり、グローバル化が進むようになると、状況は一変する。グローバル化が進めば企業の競争は激しくなる。いままで過当な競争による格差を解消し、不正を防止するために存在したさまざまな国の「規制」は競争を阻害するとみなされた。企業の自由な競争力、市場の競争力に委ねたほうが経済はうまくいくという「新自由主義」が台頭して、逆に国家を市場から排除して「小さな政府」を目指すべきだという意見が急激に支持を得るようになった。ここにおいて国家の役割は市中の貨幣量を調整すればいいだけという考え方（マネタリズム）が登場し、サッチャリズム、レーガノミックス、アベノミクスなど、政治家の名が政策の名になっているにもかかわらず、経済と政治が切り離されてしまった。過去、多くの政権が不景気で倒れた。その責任を負わなくてもいいのだから、新自由主義は長期政権を望む政治家に好まれやすくなった。

しかし、問題は残った。最大の問題は、グローバル化による移民の増大である。高度経済成長期においては、先進国は人手が足りず、積極的に移民を受け入れてきた。しかし不況期になると、すでに市民権を得ている世代になっても、「純粋な国民ではないのに、福祉を国民と同様に享受している」という移民に対する批判が台頭した。こうして国家の福祉の枠内から移民を排除しようとする動きを「福祉ショーヴィニズム」と呼ぶ。

こうした反福祉・新自由主義的、反移民主義的な動きは、他方で西欧の場合、欧州統合の進展のなかで大きな問題となっている。地域の格差が拡大する一方で、それを是正しようとする国家（の福祉機能）に対する反発から、比較的裕福な地域に国からの分離独立運動が生まれたり、域内の移動の自由を保証した欧州統合に反発する動きを誘発したりしている。イギリスのEU離脱の原因は複雑だが、新自由主義によって生まれた格差社会、そして移民に対して、低所得者が反発した結果とみることもできる。

特に冷戦終結後、リーマン・ショック、さらにコロナ禍、ロシアとの対立など次々と経済的な苦境が押し寄せてくる現在、国の財源は危機的である。「福祉をすべての人に」という声は人びとの心に響きにくい。誰が生き残る

のか。新自由主義の時代は、わたしたちの間に分断が生まれやすい時代である。福祉国家は社会的弱者と強者の「連帯」「絆」を前提とした。それを否定する政治家が支持を得る時代を、わたしたちはどう受け止め、なにを考えればいいのだろうか。

課題

> 1．それぞれ具体的な一国を取り上げ、その国が福祉国家にいたる歴史を調べて報告し、自分たちの観点で「グループ化」してみよう。
> 2．福祉国家の危機が叫ばれている。新自由主義社会がなにを生み出すか。また、福祉国家がなにを生み出すか。現在、日本や他の国で、この点に関連して起きていると考えられる問題を調べ、その原因について説明しなさい。

読書案内

宮本太郎『福祉国家という戦略――スウェーデンモデルの政治経済学』（法律文化社、1999 年）
なぜ北欧（スウェーデン）で福祉国家が発展したか。先行研究の整理も含めてわが国の研究者が執筆したものでは分水嶺的研究書。

クリストファー・ピアソン『曲がり角にきた福祉国家――福祉の新政治経済学』（田中浩・神谷直樹訳、未來社、1996 年）
福祉国家をめぐる思想が体系的に解説され、その課題も記されている古典的名著。

ゴスタ・エスピン＝アンデルセン『福祉資本主義の三つの世界――比較福祉国家の理論と動態』（岡沢憲夫・宮本太郎監訳、ミネルヴァ書房、2001 年）
福祉国家の類型と変容を論じ、現在にいたる論争の出発点となった論文の翻訳。やや難解だが、専門的に学びたい人には必読書。

（松尾秀哉）

7月　第3週　地方自治とはなにか

単一国家と連邦制

　「主権国家の揺らぎ」は、国際化・世界化という方向のみで生じているのではない。地方分権あるいは地域分権というかたちで、国内各地の地方自治体により大きな権限を与えるという方向でも生じている。地方自治体の役割はますます大きくなっており、地方自治体も政治的決定を策定し、履行するという点をふまえて、「地方政府」という呼び方も一般的になってきている。

　国全体の政府である中央政府と、地方自治体の関係は、中央地方関係と呼ばれる。法制度に注目した場合、中央地方関係は、単一国家と連邦制に分類することができる。単一国家は、中央政府が主権を独占しており、大胆にいえば、地方自治体は中央政府によって設置されている。日本やイギリス、フランスなどが単一国家である。

　他方で、連邦制の定義や具体例については論者によって多少の揺らぎがあるものの、標準的には、①連邦政府と州政府の間での主権の分有、②連邦政府と州政府の間での権力の公式な分割、したがって、③連邦政府は州政府に一方的に介入することは許されず、政府間の取り決めが重要であることの3点で定義される。やはり大胆にいえば、州政府と連邦政府が、対等な立場で契約を結んでいるイメージである。アメリカやドイツ、カナダが連邦制の例である。

　連邦制について興味深い事例がベルギーである。ベルギーは、かつては単一国家であったが、オランダ語圏とフランス語圏の地域間対立が深くなってしまったことから、1993年に連邦制へと移行し、多くの権限が中央政府から各地域の政府へと再編されていった。

　ベルギーといえば、欧州連合（EU）の本部が、首都ブリュッセルにおかれていることも有名である。国際化と地方分権を両立させる理論が、補完性原理である。補完性原理とは、社会問題の解決は、なるべく小さい単位に委ねるという考え方である。ゴミ問題でいえば、ゴミの収集場所はコミュニティの単位で決められる。しかし、分別方法は、コミュニティの単位では決め

られず、自治体レベルでの決定が必要になる。産業廃棄物や危険物質の処理は、さらに広く国レベルでの決定が必要になるだろうし、酸性雨や地球温暖化などの問題になれば、地域や世界での取り組みが求められることになる。こうして、国際化と地方分権が両立し、重層的な政府構造が構想されてきたのである。

実態に関する議論

　連邦制では、州政府の権限が明確化されているため、スポンジやクリームが重なっている「レイヤーケーキ」にたとえられてきた。それぞれの層の政府は、独自の権限を有しているので、総合的には分権的であるともいわれてきた。しかし、時代が下ると、各政府の機能分担も複雑化してくる。たとえば、国防は連邦政府の機能であるが、訓練や国民保護などでは地方自治体の協力が不可欠である。都市再開発は地方自治体の機能ではあるが、連邦政府の補助金に依存している例も多い。こうした状況を指して、各層が混じりあう「マーブルケーキ」にたとえる議論も出てきた。しかし、マーブルケーキであれば、連邦制の固有性は強調されないのであり、連邦制と単一国家の区分は、実態としては、大きな意味をもたないことを意味する。このように、実態に即した議論も盛んに提起されてきた。

　日本の実態に関する主要な議論もみていこう。単一国家の日本では、戦前には地方自治は憲法で保障されておらず、地方自治体の権限も制限されていた。戦後には GHQ の指導のもと、日本国憲法が制定され、地方自治も憲法に書き込まれた。憲法第 92 条は、「地方公共団体の組織及び運営に関する事項は、地方自治の本旨に基いて、法律でこれを定める」と規定している。この「地方自治の本旨」とは、地方自治体が自ら行政を担い、中央政府や他の自治体は不当に関与してはならないという団体自治と、その地域に暮らす住民の意思に基づいて、地方自治体が運営されるという住民自治の二つからなると解釈されている。

　もっとも、不当でなければ中央政府の地方自治体への関与は許されるし、戦前システムの残存もあって、中央政府と地方自治体の結び付きは強いままであった。中央政府による地方自治体への強い関与は、融合・集権型の中央

地方関係として理解されてきた。融合とは、中央政府と地方自治体の仕事が融合しているという意味であり、つまり、地方自治体が自らの機能とあわせて、中央政府の機能も執行していることを指す。集権とは、中央政府が地方自治体に対して強い制約を課していることを指す。パスポートの発行申請を例にとるとわかりやすい。パスポートの発行は、中央政府の仕事であるが、わたしたちは、パスポート申請の際に、わざわざ外務省に行って申請するのではない。パスポートの申請受付は、地方自治体に委ねられているため、わたしたちは地方自治体を通じて申請するのである。しかし、パスポートの申請受付に関しては、中央政府が厳格な基準を定めており、地方自治体がそこから逸脱することは許されていない。

地方分権改革

日本も、1990年代以降の地方分権の流れとは無縁ではない。むしろ、融合・集権型の中央地方関係は、地方自治体の自治権を侵害していると批判されて、地方分権が強く進められてきた。ここでは、その足跡をたどっておこう。

1995年に地方分権推進委員会が設置され、この委員会の成果として、1999年に地方分権一括法が制定された。地方分権一括法の内容は多岐にわたるが、特筆すべきは機関委任事務の廃止である。これは、中央政府が地方自治体の首長を国の機関の一つとして扱い、業務を委任するしくみであり、融合・集権型の典型的事例とみなされてきた。機関委任事務は、中央政府や都道府県の事務を地方自治体に委ねる法定受託事務と、地方自治体固有の事務である自治事務へと再編された。法定受託事務の特徴としては、中央政府による包括的な指揮監督権がないことや、地方議会の関与が認められることなどが挙げられる。

2000年代には、主に二つの動きがみられた。一つ目に、平成の大合併である。地方分権の受け皿として、地方自治体の行財政能力を高めるために、小規模町村を中心に、合併が強く推奨された。二つ目に、三位一体の改革である。地方自治体の財政的自由と財政規律を高める狙いのもと、国税の地方税化、国庫支出金と地方交付税交付金の削減の三つが、セットで進められた。

その後は、第二次地方分権改革が続く。これは、「第X次一括法」という形式で徐々に中央政府の関与を解く方式で進められている。ただし、市町村合併の推奨は、自治体間連携の推奨に取って代わられた。地方自治体の行財政能力の低下に対して、複数の地方自治体で負担を分かちあいつつ、機能も共有していくことが模索されている。その際には、地方自治体から具体的な事業案を募集し、中央政府が補助金をつけるという方法が採用されている。地方自治体からの提案と、中央政府からの補助金の提供という方法は、地方創生事業にも共通する点である。この方法自体、地方自治体の創意工夫と責任を求めるという意味で、地方分権の時代を感じさせるものである。

地方分権の功罪

　地方自治体に権限を委ねていくことには、住民たちが自らの未来を決められるという、それ自体望ましい自己決定権の尊重以外にも、たしかにさまざまなメリットが考えられる。たとえば、権力構造を多元化しておくことで、政府の暴走を食い止めることも期待できる。姉妹都市交流などを通じて、地方自治体レベルで平和構築を目指すこともできる。地方自治体同士が切磋琢磨することで、より応答性の高い行政サービスを期待することもできる。

　他方で、地方分権には懸念もある。とりわけ人口と税収の縮減に悩む地域に対して、責任を押し付けることへの批判は根強い。すべての地方自治体にテーマパークや最先端の企業はおけない。都会に出てチャレンジしたくなる若者だって多いだろう。にもかかわらず、過疎地域の自主性と自立を一方的に求めることは、非合理にも思われる。

　それ以外にも、自治体間競争の激化が挙げられる。地方自治体に、権限と同時に自立への責任を与えると、地方自治体は財政力の向上のために、産業や富裕層の取り入れに力を入れざるをえない。そうすると、福祉政策に比べて開発政策が過剰に重視されてしまう懸念や、開発政策が供給過多になってしまう懸念もある。実際、観光客や移住・定住者増加を狙った「魅力発信」が各地でみられているが、不毛な競争という評価もある。同様に、地方自治体に権限を与え、財政的規律も求めると、福祉マグネット効果の顕在化も考えられる。寛大な福祉は、近隣から生活困窮者を磁石のように招き、地方自

治体の財政破綻をもたらす可能性がある。これを恐れて、地方自治体は福祉政策に冷淡にならざるをえなくなるという議論である。

　地方自治体に権限を与えるということは、地方自治体間の多様性を認めるということである。ただし、そもそも多様性が望ましいとは言い切れない政策領域もある。たとえば、ICTは、大量の情報を瞬時にやりとりできる強みがあるものの、ICT規格の多様性は、地方自治体間の連携を難しくしてしまう。また、危機管理の多様性は、住んでいる自治体によって人命や財産の保護に多様性が生じてしまうということになるが、これには異論もあるだろう。

　振り返れば、過去30年の間、分権のメリットが喧伝されてきたけれども、政策によって集権／分権の判断は異なるはずであって、分権だけが地方自治の本旨に資するわけではない。まして、主権国家という枠組みがまったく時代遅れになったわけでもない。わたしたちは、有権者として、それぞれの事情に照らして、そのつどの考察が求められているといえよう。

課題

1．地方創生や自治体間連携（定住自立圏構想、連携中枢都市圏構想）で、具体的にどのような事業が行われているのか、調べ、比較検討してみよう。
2．日本の地方自治体は、中央政府とは異なり、大統領制に準じた制度を採用している。大統領制ゆえに生じたと考えられる政治現象を探してみよう。

読書案内

辻陽『日本の地方議会──都市のジレンマ、消滅危機の町村』（中公新書、2019年）
存在意義すら問われている地方議会について、本書は、実態を解明し、その多様な現状と方向性を提示している。学生としてだけではなく、ひとりの市民としても読んでみてほしい。

西尾勝『地方分権改革』（東京大学出版会、2007年）
2000年前後の地方分権改革について、当事者としても携わった研究者による本。今日にいたる地方自治のしくみと可能性を知る手がかりになるだろう。

林昌宏『地方分権と不確実性──多重行政化した港湾整備事業』（吉田書店、

2020 年）

港湾行政は、昔から地方分権的であるとされており、しかも多くのアクターが関わっている。問題点も含めて、地方分権の先進事例から学べるところは多い。

（川島佑介）

7月　第4週　政治的リーダーシップとはなにか

　リーダーシップ論は、政治学に限らず、社会学、教育学などさまざまな社会科学の領域で問題とされる論点である。また、政治学に限っても、プラトンの哲人論、マキアヴェッリの君主論、ホッブズらの社会契約論などにさかのぼることのできる、最も古典的なテーマの一つといってもよい。それだけどのような人物をリーダーにするべきかという問題は、古く、人間にとって本質的で、ゆえに簡単には答えの出ない問題なのだ。

　そもそもリーダーシップの定義はさまざまだが、一般的には「一定範囲の人びとを一定の目標に向けて統合し、方向づける作用」とされる。よって政治的リーダーシップとは、「政治社会内でのリーダーシップ」と、とりあえず単純に定義できよう。

どのような政治的リーダーが優れているのか

　リーダーの評価は、いつの世も重要な問題である。先のプラトン、マキアヴェッリなどの古典的なリーダーシップ論は、それぞれの論者の生きた歴史的背景を反映し、「どのような人物が望ましいか」を論じた、いわばリーダーの「資質論」でもあった。これはもちろん論じる人の価値観を反映する。その後、時代が変わり、世界が広がっていくにつれ、リーダーシップのあり方は多様になり、その研究は、個人の価値観を反映した資質論から類型論へと発展していった。

　リーダーシップ類型論は、いまなおさまざまな視点で論じられる重要なテーマである。そのなかでも、マックス・ヴェーバーによる支配の正統性に基づいた、合法的支配、伝統的支配、カリスマ的支配の類型はあまりにも有名であろう。この類型論は、「支配の正統性」、言い換えれば支配の根拠（慣例、慣習／個人の超人的な資質／合法性）に着目した古典的類型論である。

　その後、社会学では、機能に着目して分類する方法が早くから発展し、PM類型論などの実証的手法が登場してきた。政治的リーダーシップを論じる政治学の範疇では、パレートのように、私利私欲追求型か理想追求型か、

という現代的にも意義のあるエリート行動（スタイル）の類型論、またそれを用いてリーダーの変遷のパターンを論じた「エリートの周流」論などの重要な議論も登場したが、こうした類型論は、「政治‐経済体制の類型概念が、しばしば用いられてきた」ともいわれてきた。つまり、民主型／独裁（ないし専制）型、権威主義型など、そのよってたつ政治体制や状況に準拠したリーダーシップの類型にとどまっていたともいえる。

第二次世界大戦以降、行動論政治学の発展にともなって、リーダーシップ研究は社会心理学を用いたリーダー個人の「個性」に注目した研究が進んだ。しかし「個性」を重視すれば、政治的リーダーシップ論は単なる英雄待望論に陥ってしまう。他方で、リーダーを生み出す「状況」だけを強調すれば、「特定の文脈が、特定のリーダーを要請する」こととなるにすぎず、先の類型論と変わらないものになる。そこで近年は「条件即応（contingency）」アプローチが採られることが多い。その提唱者フィードラーは、「個人と文脈の本質は、ともに把握可能であり、決定的である。個人は自らのリーダーとしての技術と文脈とに気づき、自身と文脈との同調関係とを見積もることができる。双方の関係が——たとえば、強いリーダーシップと危機的状況が同時に生じたような——きわめて高いレヴェルで同調している場合、当該リーダーは勇敢に危機に取り組むが、状況が変化して自らの積極的な手法に文脈がそぐわないとき、危機からは退出してしまうのである」と述べる。つまりリーダーの個性や特性と、そのリーダーを取り巻く状況、環境がともにリーダーシップの評価には重要だということになる。

これは、実際の政治的リーダーシップを考える際にも重要で、どのような状況で、どのようなリーダーが立つか、が政治では決定的に重要だ、という政治観につながる。つねに強面のリーダーが良いわけではないし、温和なリーダーがつねに正しいというわけでもない。「いま」をどのような状況とみるか。そしてそのときにどのような人物を支持するのか。それを考えることがリーダーの選択において重要だということになる。言い換えれば、リーダーシップを考えることは、政治状況を分析することなのである。

リーダーが有するべき資質とは

　リーダーをリーダーたらしめる「資質」はなにか。この点は「権力論」の範疇で古くから論じられてきた。政治的リーダーシップ論は権力論と親和性が高い。政治的リーダーは権力者でもあるから当然である。第二次世界大戦後のアメリカにおいては、ラズウェルが実体論的権力観の立場から、権力を保有するための基底価値として「尊敬、道徳、愛情、安寧、富、技能、知識」を挙げている。こうした資質を有することがリーダー（権力者）には必要と考えられた。

　時代が進むと、政策決定権者の属性として、リーダーの「資源」ないし「リソース」が、分析の際に用いられてきた。その定義は多岐にわたる。たとえばリソース概念を政治学的な集団分析に適応した成果では、「政策決定権者やメディアへのアクセス」と定義する場合もある。また政策決定権者の属性を論ずる場合の定義としては、「制裁・報酬のために動員しうる」手段というリソースの定義がある。

　代表的な論者、コルブの整理に従えば、権力の獲得・維持に必要な資源として、①一定の法のなかでその地位を認められているという意味での合法的権威、②合法的権威や威信、数の支配の源泉として挙げられる「地位ないしポスト」、③リーダーの経歴から発生する威信、④富ないし経済力、⑤数、⑥組織とその団結力、⑦「成功する組織のリーダーというものは、多くの資源を団結した組織へ操作する技術に長けている」という点での、知識・情報・技術と専門性、⑧時間・関心とエネルギー、⑨強制力、を挙げられる。これらが「権力を獲得・維持するために政党が活用できる資源」、つまり「権力資源」である。こうした権力資源を有するリーダーこそが、「状況」を統制しうるリーダーとなりうる。

　こうした権力資源論を理解しておくことも、政治的リーダーを比較検討する際には重要である。どういう資源を有するのかで、かなりその言動も左右されると考えられるからである。

現代のリーダーシップの質の低下

　以上のようにリーダーに求められる資質やリーダーを評価する方法は古く

から論じられてきた。その発展にもかかわらず、現代のわたしたちの選ぶ政治的リーダーの質の低下が叫ばれている。平和、平等といった大切な価値観は後回しにされているようにさえ映るときもある。たとえば、現代の情報過多を利用して、特に90年代末以降のイギリス政治においてブレア政権が、自らに都合の悪い部分を隠蔽して、有利な部分だけを取り出して強調する「スピン」という情報操作を多用していたことが知られている。

　いまや時代はさらに進み、SNSによる「フェイク」の時代に突入している。つまり事実ではないことを、敵対勢力を陥れ、自らを正当化するために声高に宣伝し、都合の悪い事実をフェイクと呼び敵の戦略としてしまうことで、政治の世界から対話や議論をなくしてしまっている。グローバル化の進展、それにともなう格差経済の拡大を背景に、こうしたフェイクは効果を有し、排外的なポピュリズムが台頭している。戦後70年を超えて、戦後民主主義を支えてきたアメリカ、西欧でこうした勢力が台頭していることは、そのまま戦後民主主義の質の低下を意味するという意見もあるだろう。

　こうした要因について、政治学者の高橋直樹は、第一に経済のグローバル化など政治外の状況の混乱によって不透明性が増し、既存の政治制度に対する不満が大衆の間に蓄積していること、第二に先の情報過多を挙げているが、さらに最も強調されているのが、リーダーを選出し従うフォロワーの質が低下していることである。もはや社会全体の利益を考え熟慮し粘り強く議論する市民は存在しない。短期的な自己利益のみに執着し、自分の関心にあう情報だけを切り取り、考えることをやめ、ただただ都合のいいようにつなぎあわせる。生成AIの普及は、そうした「考えることをやめた市民」にはたいへん便利だが、市民が物事を考え議論することを前提とする民主主義の息の根を止めかねない。

課題

1. 洋の東西を問わず、適当な政治リーダーを取り上げ、「個性」と「環境」をそれぞれ調べ、その両側面からその政治家のリーダーシップについて解説してみよう。
2. 良いリーダーとはどういうリーダーか。自分たちの身近な生活のなか、そ

して日本の政治におけるリーダーのあるべき姿、条件を挙げて、自分たちにとっての良いリーダー像を考えてみよう。

読書案内

石井貫太郎『リーダーシップの政治学』（東信堂、2004年）
現在最も簡潔に政治的リーダーシップ分析の概要を知ることのできる入門書。

高橋直樹『政治学と歴史解釈──ロイド・ジョージの政治的リーダーシップ』
（東京大学出版会、1985年）
初学者には難解だが、わが国のリーダーシップ研究の金字塔。ひとりの政治家を理解することの難しさ、面白さが凝縮している。

高橋直樹・松尾秀哉・吉田徹編『現代政治のリーダーシップ──危機を生き抜いた8人の政治家』（岩波書店、2019年）
現在、最も読みやすく、また本格的な歴史研究を含んだ政治的リーダーシップの論文集。現在のリーダーシップの危機を把握するために序章だけでも読むことをお勧めする。

（松尾秀哉）

# 夏休み 憲法を考える

2023年8月15日。この日は足利先生の基礎ゼミの課外授業。この時期の東京は朝からかなり暑い。この日もまだ午前9時前だというのに、すでに30度を超えていて、もう温暖化というしかないなと中原拓は感じていた。じっとしていても額から汗が流れてくるようなカンカン照りである。拓は、地下鉄の九段下駅の3b出口から地上に出たときに思わずクラッとした。「もうマスクがきついな」と感じ、マスクを外した。それから、今日の目的地・靖国神社に向けてとぼとぼと歩き出した。この暑さのなかで上る坂道がキツい。

ここで拓はふと思った。——なぜ足利先生は課外授業の場所として靖国神社を選んだのだろう——。そんなことを考えている間に、靖国通りと早稲田通りのT字路の横断歩道を渡り少し右に行くと、左手に靖国神社の巨大な第一鳥居が視界に飛び込んできた。ここで拓は、以前に先生が授業で「靖国神社とフランスのパリにあるパンテオンやアンヴァリッドとの共通点は……」と話していたことを思い出した。——ということは、靖国神社とフランスはまったく関係がないというわけではないのかな——。だが、肝心の「……」の部分が思い出せない。

「おつかれさま」。気づいたら目の前に同じゼミ生の福留幸恵がいた。第一鳥居に向かって右側にある境内案内図前が待ち合わせ場所。玉坪武子に今日終わってからどこでご飯を食べるか相談をしていると、徐々にみんな集まってきた。遅刻の常習犯の平尾正哉を除いて。そこに足利先生が現れた。

足利先生：おはようございます。みんな揃いましたか？　いや、やはり平尾さんだけまだ来ていないね（笑）

幸恵：5分くらい前に平尾さんからLINEが来ました。いま大手町で東西線に乗り換えたところ……だそうです。

足利先生：じゃ、その言葉を信じて（笑）少し待とうか。暑いからみんな熱中症に気をつけてね。ところで、みんなはここに来るのはじめて？

幸恵：わたしははじめてですけど、神社って普通もっと静かなところですよね。よくわからないけど軍服みたいのを着た人がたくさんいて、あちこちで歌ったり、けんかしたりしてる。今日は終戦記念日で戦没者を悼む日なのに。

拓は「LINE が来た」という幸恵の言葉がひっかかっていた。ただ、だからこそ強い自分を見せようとして、少し怖がる幸恵を守りたいと感じて近づいた。

足利先生：靖国神社がいつ、どのような経緯でできたのかは事前学習で確認したよね。

武子：はい。戦没者を慰霊する施設ですよね。でも、慰霊する場所なのになぜこんなに騒がしいのでしょうか？

足利先生：その問いに一言で答えることは難しい。まず押さえるべきは、靖国神社は普通の神社と違い、明治維新以降に創り出された「国家神道」という、それまでの神道とは根本的に異質な宗教に基づいて設けられた施設だということ。

　実際、神社っていうと古いイメージがあるけど、靖国神社の前身の東京招魂社が建てられたのは 1869 年、日本が近代国家の道を歩み始めてからだ。そして、1945 年の敗戦まで国家が管理する施設だったということ。ここに祀られている戦没者は、基本的には戊辰戦争以降の新政府軍、日本軍の兵士や軍属等に限られていること。だから、たとえば日本軍の敵として戦死したアメリカ兵やイギリス兵は祀られていないこと。

　同じように、明治新政府と敵対した会津藩の兵士も、西南戦争で政府軍と戦った西郷隆盛が率いた薩摩の士族も祀られていないこと。逆に、日本兵として戦死した旧植民地の朝鮮や台湾の出身者は祀られていること……。

幸恵：ゼミでも取り上げた「創られた伝統」ですね。あたかも「日本」という国家が何百年も前からつづいているかのような物語を後づけで創作す

る。

足利先生：そう。でも、それは日本だけじゃない。しかも「国家」として意識されるようになったのは歴史的にそんなに古くはないのに、それがあたかもはるか昔から連綿と受け継がれてきたかのような物語がつくられるんだね。

幸恵：それってつまり脳内妄想ですよね？

足利先生：妄想でも、それが多くの国民の脳内に根づけば国家を動かすことができるってことさ。

幸恵：でも、いまの靖国神社は国家権力とは無関係ですよね。日本国憲法は政教分離を定めているから。

足利先生：そのとおり。いまの靖国神社は一宗教法人、仏教の曹洞宗やキリスト教の日本基督教団や創価学会や天理教と同じ。だから、一宗教法人としてどのような考え方をもとうとも、それが宗教法人法の枠内にある限り靖国神社の自由だ。ところで、政教分離はなんのためにあるか知ってる？

武子：国民の信教の自由を守るためですよね。日本国憲法 20 条。公務員試験対策講座で習ったばかりだから覚えています。

足利先生：すごい、まだ 1 年生なのに夏休み中の公務員講座とっているんだね……。さて、その信教の自由も含めて戦前の日本では認められていなかったか、あるいは十分に認められてはいなかった権利が日本国憲法では数多く保障されている。その日本国憲法の条文のなかで、あえて一番大事な条文を挙げると？

幸恵：9 条ですか？　特にいま戦争が起きているから……。

足利先生：9 条はとても大事だけど、あえていうと一番じゃない。それにウクライナは注目されているけど、第二次世界大戦後、戦争は世界中で起きてきたということも忘れてはいけないね。

拓：ほかに知っている条文は「健康で……文化的な……最低限度の生活……」。何条かは忘れた……ていうか、最初から覚えてない（笑）

武子：あと、内閣総理大臣は国会が指名して天皇が任命する……とか。

足利先生：大学受験の丸暗記知識みたいだね（笑）。さて、もし日本国憲

法の最も大事な条文を一つ挙げるなら、それは 13 条だね。

幸恵：そういえば、前期に他学科履修で法律学科の「憲法」の講義もとったんですけど、その先生がやたら 13 条を強調してました。

足利先生：他学科履修もしてたんだね、熱心でよろしい。じゃ、13 条の文言は？

幸恵：それは聞かないでください（笑）

足利先生：「すべて国民は、個人として尊重される。生命、自由及び幸福追求に対する国民の権利については、公共の福祉に反しない限り、立法その他の国政の上で、最大の尊重を必要とする」。簡単にいえば「国民はひとりひとり違っていていい。それぞれが自分の幸せを追い求めることができる。そして、国は、それが他人の自由や権利を侵さない限り、それを最大限尊重しなければならない」ということだよ。

拓：そんな簡単なことなんだ。

足利先生：簡単なことのように思えるかもしれないけど、とても重要なことだよ。靖国問題を憲法上考える場合、重要なのは 20 条の政教分離と信教の自由だ。だけど……。

正哉（駆け込みながら）：ごめんなさい！　寝坊しました。

足利先生：やっと来ましたね！　では、さっそく境内に入ろうか。

夏休み　憲法とはなにか

憲法──その定義と分類

　「憲法」と聞いて、皆さんはどのようなことを思い浮かべるだろうか。「国民が守らなければならない最高法規」「だけどわたしたちの日常生活からは遠い存在」「堅苦しそう。できれば関わりたくない」……さしずめこんなところだろう。しかし、この三つのイメージのうち、一つ目は明らかな誤解である。そして、この誤解から派生しているであろう二つ目と三つ目も、この機会に払拭してほしいところである。なぜそういえるのかを考える前に、まずは「憲法」という語の定義から確認しよう。

　憲法の簡潔な定義としてしばしば引用されるのが、フランス革命のさなかに出された「フランス人権宣言」（正式名称は「1789 年の人と市民の権利宣言」）の 16 条である。いわく、「権利の保障が確保されず、権力の分立が定められていない、いかなる社会も憲法をもたない」。少し言葉を補って言い換えると、憲法とは「ある国における国民の権利保障と国家の権力分立に関する根本原則を定立する法規範」ということである。この定義を前提にするならば、日本人なら誰もが知っている聖徳太子の「17 か条の憲法」は、「憲法」という名前こそついているものの、本章で扱う憲法ではない。このような憲法は「形式的意味の憲法」と呼ばれる。ひらたくいえば「名前だけ憲法」ということである。

　それに対するのが「実質的意味の憲法」である。これは、「憲法」という名称をもつか否かにかかわらず、国家統治の根本を定めるルールは実質的に憲法であるという考え方に基づく。たとえば、イギリスには成文憲法（形式的意味の憲法）はないが、実質的に憲法に相当する法規範（国家統治の根本規範を定める議会制定法、判例法、慣習法など）が存在する。

立憲主義──「憲法で国家権力を縛る」という発想

　「実質的意味の憲法」は、さらに「固有の意味の憲法」と「立憲的意味の憲法」に分けられる。前者は、自由主義国家のそれであれ独裁国家のそれで

あれ、国家統治の根本を定める規範としての憲法という意味である。対照的に、後者は、たんなる国家統治に関わるルールであるにとどまらず、国家権力を制限して国民の自由と権利を守る法規範としての憲法のことである。日本も含めた自由民主主義（リベラル・デモクラシー）を旨とする国家における憲法は、普通この意味での憲法である。そして、憲法によって国家権力をコントロールするという考え方を「（近代）立憲主義」という。

　その「立憲主義」だが、平均的な日本人にとって「民主主義」や「平和主義」ほどなじみのある言葉ではなかった（ない）ように思われる。実際、戦後の日本において日本国憲法に含まれる主要な価値としてまず念頭におかれたのは、前近代的・封建的な日本社会の民主化（民主主義）と先の大戦への反省に基づく戦争放棄（平和主義）であり、国家権力を制限する規範としての憲法の意義（立憲主義）が意識されることは少なかったのではないだろうか。もちろん、民主主義と平和主義が日本国憲法を貫く大原則であることはいうまでもない。しかし、繰り返しになるが、立憲主義の立場からみた憲法の主たる目的は「国民の権利を守るために国家の権力を制限する」ことにあることをあらためて強調しておきたい。

人はそれぞれ違っていてよい──日本国憲法 13 条

　立憲主義という観点から日本国憲法を理解する場合、はじめに押さえるべき条文は二つある。以下、それをみてゆく。

　ところで、日本国憲法は全 103 か条ある。そのなかから日本国憲法の基本的なスタンス、いわばスピリットを端的に表している条文を一つだけ挙げるとするならば、13 条である。その文言は以下の通りである。「すべて国民は、個人として尊重される。生命、自由及び幸福追求に対する国民の権利については、公共の福祉に反しない限り、立法その他の国政の上で、最大の尊重を必要とする」。13 条のポイントは二つ、前段の「個人の尊重」と後段の「幸福追求権」である。

　まず、「個人の尊重」とは、「わたしたち国民はひとりひとり違っていてよい。男であれ、女であれ、LGBTQ＋であれ、子どもであれ、高齢者であれ、障害者であれ、健常者であれ、ルーツが朝鮮半島であれ、フィリピンであれ、

ひとりひとりがかけがえのない「個」として尊重される」という意味である。そして、その「かけがえのない個」は、「それぞれ自分の幸福を自由に追い求めることができる」ということを 13 条は保障しているのである。

　ここで大事なのは、幸福の中身は個々人、つまりわたしたちひとりひとりが自分で決めるということである。なにが幸福かは人によって違う。たとえば、「貧しくても愛する人と一緒に穏やかに暮せればよい」という人もいれば、「愛なんていらない。それよりひたすら金儲けをしたい」という人もいるだろう。憲法はどちらの生き方も否定しない。それが「公共の福祉に反しない限り」国家権力は最大限尊重しなければいけない。──これが日本国憲法の基本的なスタンスなのである。

国民は憲法に従わなくてよい──日本国憲法 99 条

　次に挙げるのは 99 条である。これもまず条文をみてみよう。「天皇又は摂政及び国務大臣、国会議員、裁判官その他の公務員は、この憲法を尊重し擁護する義務を負ふ」。この条文の主語は（天皇と摂政はひとまずおくとして）「公務員」すべてであり、その直前に列挙されている「国務大臣、国会議員、裁判官」は例示である。つまり政治家、裁判官、財務省や文部科学省に勤める国家公務員、県庁や市役所に勤める地方公務員、公立学校の教員、警察官など「すべての公務員は日本国憲法を尊重し、擁護しなければならない」という意味なのである。この義務を「公務員の憲法尊重擁護義務」という。

　ここで注意すべきは、主語に「国民は」とは書かれていないことである。これは、「書かれていなくても当然国民は含まれる」という解釈もありえるが、やはり書かれていないことに意味があると考えたい。つまり、立憲主義に照らして考えるならば、憲法に従わなければならないのは公務員であって、国民ではないということである。ここをしっかり押さえておかないと憲法を学ぶ最初の段階でつまずくことになってしまうのだが、「憲法は日本国の一番大切なルールだから、わたしたち日本国民はみな憲法に従わなければならない」というふうに誤解している人が少なくないように思われる。あくまでも憲法は国家の根本規範であって、国民の根本規範ではない。憲法は国家を縛るルールであって、国民を縛るルールではないのである。

もちろん、公務員も国民（人間）であり、憲法が保障する基本的人権を享有している。だが、憲法が縛るのはひとりの国民としての公務員ではなく、公権力を保持し、行使する存在としての公務員である。いかなる公務員にも、程度の差はあれその職務に応じて一定の公権力が委ねられている。その公権力を縛るというのが憲法という法規範の目的なのである。

憲法改正──まっとうな論議をするために

　最後に、憲法改正問題について考えてみよう。もとより、現行憲法の全103か条のなかには不備もあるだろうし、時代の経過とともに削除ないし修正すべき条文、逆に新たに付加すべき条文もあるだろう。だが、ここで注意を促したいのは、一般論として当然ありえる改憲論議と、現在および予見しうる近未来の日本のリアルな政治状況をふまえたうえでの改憲論議とのあいだのギャップである。

　たとえば、2024年現在政権与党の地位にある自民党が2012年に発表した「日本国憲法改正草案」では、（数え方にもよるが）「国民の義務」が七つも増えており、そのなかには「国民の憲法尊重義務」もある。こういった改憲案は、先述した「立憲的意味の憲法」という考え方や現行憲法の99条の主旨に鑑みると、その当否の判断には慎重さが求められるということが理解されるだろう。

　さらに、自民党がこの改憲案とあわせて発表した一般向けの解説集には、「現行憲法の規定の中には、西欧の天賦人権説に基づいて規定されていると思われるものが散見されることから、こうした規定は改める必要があると考えました」との記述がある。「天賦人権」（現在は一般的に「自然権」という）とは、「人が人として生まれてくれば誰でも当然に有する権利」のことであり、近代立憲主義の核心に位置する観念である。それほどの重要な観念を、「人権」という価値観を共有する「自由主義世界の一員」であるはずの現代日本の憲法が放棄するというのならば、やはり根本的な議論を要するはずである。

　むしろいまのわたしたちに求められているのは、「とにかく改憲ありき」という浮足立った姿勢ではなく、まずは「人類の多年にわたる自由獲得の努

力」(憲法 97 条) という世界史の流れに対する共通了解を有する言論空間を
しっかりと構築することではないだろうか。将来「まっとうな改憲論議」を
行うためにも、である。

課題

1. 違憲立法審査権に関連して、「国民によって直接選ばれた国会がつくった
法律に対して、国民から直接選ばれたわけではない裁判所が「違憲判断」と
いうダメ出しができるのは、民主主義の原理に照らしておかしい」という意
見があります。この意見に対するあなたの賛否とその理由を考えてみましょ
う。
2. 日本国憲法には国民の「義務」が三つ掲げられています。諸外国(自由主
義国、社会主義国、発展途上国など)の憲法ではどうでしょうか。また、こ
の点について主要政党の考え方はどのようなものでしょうか。さらに、読売
新聞、産経新聞などのメディア、あるいは日本青年会議所といった民間団体
がそれぞれ独自に世に問うている改憲案ではどうでしょうか。本章の本文で
説明した「立憲的意味の憲法」を一つの参照基準として、これらを比較して
みましょう。

読書案内

樋口陽一『個人と国家——今なぜ立憲主義か』(集英社新書、2000 年)
冷戦終結後の混迷する日本と世界の諸情勢を手がかりに、ときに暴走する民主主
義を掣肘する思想としての立憲主義の重要性を力強く説く一冊。

改憲をめぐる言説を読み解く研究者の会編著『それって本当?——メディアで見
聞きする改憲の論理 Q&A』(かもがわ出版、2016 年)
メディアやネット空間で目にする改憲の論理を憲法学者・政治学者・言語学者が
綿密に検証し、改憲論議の前提となる基礎知識を平易に説く一冊。

志田陽子・榎澤幸広・中島宏・石川裕一郎編著『映画で学ぶ憲法Ⅱ』(法律文化
社、2021 年)
日本や外国のさまざまなフィクション、ドキュメンタリー等の映像作品およそ
50 本を通し、政治や社会の営みと憲法の関わりを活き活きと説く一冊。

(石川裕一郎)

9月　後期の始まり

　まもなく後期がスタートする。その前に帰省から帰ってきた足利基礎ゼミの1年生たちは、夏休みの活動報告を兼ね、各自お土産をもち寄って集まるということになった。都内に実家のある平尾正哉は、東京近郊のとある有名遊園地で販売されているクッキーをもってきていた。正哉はこの遊園地の大ファンで、これまでも何かにつけてはこの遊園地のお土産をゼミで振る舞ってきた。

　集まって数十分、いろいろ話は盛り上がって、どうやら夏休み中の課題について不安や相談をする件に入ってきたようだ。

　「でも、平尾さんはほんとにこの遊園地が好きだね」。その遊園地のマスコット・キャラクターである小動物をかたどったクッキーをかじりながら、ゼミ生のひとりが言った。最初はありがたがって食べていた彼らも、いまではそれが恒例になってしまい、何気なくクッキーに手を伸ばす。その様子をみて、正哉が少しすねたように言った。

　　正哉：少しはありがたがって食べてほしいなぁ！
　　拓：ところで「国際関係論」はみんな受講しているよね。夏休みのレポート「グローバリゼーションとはなにか？」って、難しい課題だよね。
　　正哉：そうかな、難しいとは思わなかったけど……

正哉は自身のお土産のクッキー缶を指さしながら続けた。

　　正哉：ここに行くと、最後にいつも "世界中のいろんな国の民族衣装を着た人形が出てくるアトラクション" に乗るんだ。ね？

そう振られて、福留幸恵が返事をした。

幸恵：そうそう。あれ、なんか落ち着いていていいよね。

中原拓は「あれ？」と感じた。

　（このふたりで遊園地に行ったのかな？）

そう考えると、拓は気になってしかたなくなった。話が入ってこない。しかし聞くこともできない。

　　正哉：そうそう。世界のいろいろな地域のエリアを通って最後のホールに入ると、それまで出てきた国の人形が、みんな白い衣装に変わっていて、それが一緒に踊って……。
　　幸恵：そして青い照明をバックに、テーマ曲が高らかに鳴り響く……。
　　正哉：そう！　だからグローバル化ってそういうことだと思うんだけどな。世界は一つ、世界は同じ。みんなが友達になれる理想の世界……。

遠くを見つめながら自分たちの世界に入る正哉と幸恵を尻目に、しばし流れる沈黙。

　　拓：た、たしかに、それもグローバル化の一面かもしれないね。でも、それだけで片づけられないからこそ、こういう課題が出ているんじゃないかな？
　　幸恵：じゃあ中原さんに聞くけれど、あなたはグローバル化をどうとらえているの？

拓は（それどころじゃないよ）と思いつつ答えた。

　　拓：グローバルは地球っていう意味の globe の形容詞だよね。だから、地球上どこにでも自由に行ける"一つの世界"ができるっていうイメージだよね。

武子：そうか……自由な世界っていうのはいいけど、平尾さんが言っていた「みんな同じ」っていうところが少し引っかかるなぁ……。

幸恵：どういうこと？

武子：実は以前、雑誌でこういう記事を読んだんだ。あるアメリカ企業が大幅なリストラを行って人件費を 200 億円もカットすることに成功した。すると翌年、「この経営陣は良くやった」ということで、社長や重役に総額で 100 億円のボーナスが株主によって認められたらしい。

正哉：えっ、リストラって、要はクビにしたってことだよね!?　従業員を解雇しておいて、自分たちはボーナスをもらったのかい？

武子：やっぱり平尾さんも違和感を覚えるよね。でも欧米ではそれが普通らしいんだ。なぜなら会社は出資をしている株主のモノだから、不要なコストを 200 億円も減らしてくれた経営者は、株主にとってみれば無駄を省いて自分たちの会社を良くしてくれた人物ということで、100 億円のボーナスを払ってもおつりがくるっていう考えらしいよ。

幸恵：わたしたちの感覚で言うと、従業員が路頭に迷うかもしれないのに、社長や重役だけボーナスって、不思議な気がするね。

拓：だけど、それは今やアメリカの会社だけの話ではないらしいんだ。日本企業のなかにも「グローバル化」と称して、そういう欧米流のやり方を取り入れてる会社が増えているそうだよ。

幸恵：でも、いまの企業の話は、日本企業が“欧米流”を採用したというだけであって、グローバル化とは違う話なんじゃないですか？

正哉：うーん、いずれにしても、自分たちとは相容れない価値観ややり方が広まると、それを受け入れざるをえない場面があるのかもしれないな。

拓はいろいろしゃべりながらも、しかし一番気になっていることは聞けなかった。

幸恵：グローバル化って、良いことばかりっていうわけじゃないのかな？

第4週　グローバル化とはなにか

技術革新とグローバル化

　グローバル化という用語はいつ頃から一般に使われるようになったのだろうか。日本経済新聞の記事データベース（1975年1月1日以降の記事を収録）で調べてみると、グローバル化という用語の初出は1983年5月11日朝刊の記事であった。そこには、当時の電電公社（現NTT）が建設に着手した高度情報通信システム（Information Network System; INS）がもたらす未来の変化について次のように述べている。

　「INSは通信網をデジタル化して効率を大幅に高める一方、コンピューターと結んで音声（電話）だけでなく映像、図形、データなどさまざまな形の情報を自由に安く利用できることを目的にしている。（中略）国際通信の発達によってオフィス・オートメーションは個人を対象としたパーソナル化の一方で、国際的な広がりを持つグローバル化へ向かっているといえる。（中略）将来のオフィスはいまとは様変わりしたものとなろう。その具体的なイメージはまだ描けないでいる。」

　当時描けなかったオフィスの姿は、およそ40年後の今日実現している。多くの人びとは、ウェブ上のSNSを通じ、まさに個人同士、世界規模でつながりをもつようになった。

　一方、グローバル化という用語が頻用されるようになったのはいつ頃だろう。朝日新聞の記事データベースによれば「グローバル化」を含んだ記事数が年間100件を超えるようになったのは1997年のことである。これは電子メールやインターネットが日本において普及し始めた時期（たとえば検索サイトYahoo Japanは1996年に開設された）とほぼ一致する。このことに鑑みれば、グローバル化とは、通信手段をはじめとする技術革新が可能にした、空間的および時間的距離の短縮という現象といえる。

　もう少し新聞記事の話をつづけよう。「グローバル化」はどのような内容の記事において用いられることが多いのか。比較的記事数の少ない90年前後について調べてみても、その内容は政治、経済、社会・文化、自然環境、

科学技術など多岐にわたっている。

グローバル化の諸相

　こうしてグローバル化とは、経済的な国際的相互依存、経済の自由化、文化の一体化、特に西欧化ないしアメリカ化、情報通信の発達による空間的な一体化という幅広い意味で使われるようになった。さらにコヘインとナイは、「グローバリズム」と「グローバル化」を区別している。グローバリズムとは、世界の諸地域が結びついて互いに影響を与えあうようになったことを指し、グローバル化は、グローバリズムがさまざまな領域で起こり、それらが互いに強化しあうことでより強い相互依存関係が形成されることである。

　また、人びとの思考や行動の収斂を、グローバル化の重要な側面として強調する見解もある。この見解によれば、国際社会で強い影響力をもった人びと（パワーエリート）やその組織が、自らの思想・信条（リベラル民主主義や市場原理主義）を“世界の必然的方向”というニュアンスで発信する。すると、それを多くの人びとが“然るべきもの”として受け止め、それにあわせた思考や行動をとるということになる。

　とはいえ、実際に人、物、お金や情報が全世界を動くようになっているかというと、それには疑問もある。実際に国境を越えて真に活躍できる人はそう多くはないであろう。他方で、外からよその人が来ることを脅威と感じ、拒む人もいるだろう。そこで自らのアイデンティティを強く感じ、それが過剰になると、よそ者を敵視し、排斥しようとして、心理、ときには行動まで、伝統へと過激に回帰してしまう人もいる。このように、グローバル化にはいくつかの諸相が認められるし、その反動的な面もみられる。

グローバル化時代の国家

　国家はグローバル化にどう対応しようとしているのだろうか。これには政治と経済の関係をどう考えるかによって大きく二つの考え方があり、一つは経済の収斂にともなう制度化に国家が従属していくという考え方で、いわば市場の力学が国家を超えるというものである。これに従えば、国家は企業利益を重視し、従来の福祉（という国家の役割）を縮小し「ワークフェア型競

争国家」へ収斂するということになる。

　他方で政府支出が1990年代以降実際のところ一部の国家では大きく変化しないことを重視し、「政策を決めるのは経済ではなくてあくまで政治」という点から、競争国家と福祉国家の「分岐」を重視する場合もある。

　また、近年では、グローバル化の進展により一国単位で資本の流れをコントロールしにくくなることをもって「グローバル・ガバナンス」、すなわち国家を越えた単位での民主主義の再構築が必要ともされている。明確な定義があるわけではないが、グローバル化によって従来の民主主義や福祉国家が危機に陥っているとされる。

グローバル化の基底——個人主義・自由主義

　現在進行しているグローバル化が、上述のように、ある種のイデオロギーに裏打ちされたものであることは、少なからぬ論者が指摘するところでもある。そのイデオロギーとは、端的にいえば、①すべての要素（人・物・資本）は市場というシステムによってこそ最適に配分され、②したがって、そこへの介入のいっさいない政治体制（小さな政府）が最も望ましい、という信念である。

　グローバル化した社会（世界）が、そのようなイデオロギーをもった人びとにとって親和性の高いものであるのは事実であろう。市場とは、国籍や人種、伝統に基づく前例や慣習から解き放たれ、そこに参加する個々の人びとが、自らの意志のみで、合理的に行動可能なきわめて公平な場所である。それゆえ、個人の意思や能力がもっとも尊重される、個人主義の強い社会に暮らす人びとにとって、自由市場はなによりも尊ぶべき社会システムといえる。

　一方で、個人よりも集団としてのアイデンティティや利益が優先されるような社会や状況も存在する。個人主義・自由主義的な社会システムへの収斂がグローバル化の一側面であるとすれば、それに反発し、反グローバリズムを旗頭にした勢力が台頭していることも事実である。特にコロナ禍で人との接触や他国との交流が制限されたあとの世界では、グローバル化に対する反発も生まれやすい。当面、その点をわたしたちは注視する必要があるだろう。

課題

1. グローバル化については、肯定的、否定的、または中立的な立場からさまざまな議論が生じている。それぞれの立場からの議論を要約してみよう。
2. 現在進んでいるグローバル化は日本の社会にどのような影響をもたらすだろうか。議論しよう。

読書案内

マンフレッド・B. スティーガー『**新版グローバリゼーション**』（櫻井公人・櫻井純理・高嶋正晴訳、岩波書店、2010 年）
世界で広く読まれている、グローバル化に関する入門書であり、本章の「グローバル化の諸相」は本書を参考にして書いている。

デヴィッド・ヘルド編著『**論争グローバリゼーション——新自由主義対社会民主主義**』（猪口孝訳、岩波書店、2007 年）
本章で指摘した、グローバル化を是とするイデオロギーについて、さまざまな論者の見解を知ることができる。

ダニ・ロドリック『**グローバリゼーション・パラドクス**』（柴山桂太・大川良文訳、白水社、2013 年）
グローバル化、民主政治、国家主権のいずれか一つは放棄せざるをえないことを説く「世界経済の政治的トリレンマ」は一読に値する。

（平賀正剛・松尾秀哉）

10月　新学期の目標

　本日は後期の初回の基礎ゼミ。ゼミ生全員が久しぶりに顔を合わせ、夏休み中にどんなことをしたか、各々報告しあう。

　中原拓は、夏休みのあいだ、名古屋の実家に帰省していた。人生初のひとり暮らしを経験した前期の3か月間。楽しいながらも、身の回りのことをすべて自分で行い、生活を自ら律しなければならないことにいささか疲れていた面もある。実家に戻り、地元の友人と旧交を温めることのできたこの夏休みは、拓にとって久々に心の底からリラックスできた時間であった。

　その一方で、ずいぶんと生活のリズムが崩れてしまったとも拓は感じていた。夜遅くまで友達とLINEをしたり、インスタを眺めたりして夜更かししてしまったことが大きな原因だった。今年の夏は暑く、寝苦しい日々がつづいたことも理由の一つだが、ウクライナとロシア、中国とアメリカなど、戦争や経済安全保障と呼ばれるようなニュースが多く、気になってネットで調べていたのも確かだ。国際政治、国際経済の動きがどうにも気になっていたのだ。

　それをうまくまとめてゼミで発表しようとしたが、どうもうまく整理できない。まず知識がないし、どの情報が正しいのかよくわからなくなっていた。そのあたりの気持ちを率直に伝えてみようと思っていた。

足利先生：それぞれ充実した夏休みを過ごせたようですね。この調子で後期もがんばっていってほしいと思います。では、アシスタントの岩川さんからも何かひとことどうぞ。

岩川裕子：みなさん、わたしは1年生の後期、つまりこの時期に足利先生の話を聞いて大学院進学を考え始めました。大学に入ったばかりだけど、将来のことも考え始める大切なときです。充実した日々になるよう努力してください。

ゼミ生の話をひと通り聞いた足利先生と TA の裕子が、あらためて全員に語りかけた。同時に、それまでの教室の空気が一瞬引き締まり、全員の視線が足利先生に注がれた。今日のゼミでは、足利先生から後期のゼミのテーマが発表されることになっている。この秋から、どんなことを学んでいくのか。全員が足利先生の発言に注目しているのだ。

　　足利先生：前期のゼミでは、権力、自由、平等、民主主義など、政治を考えるうえで、また政治学を学ぶうえで基礎となるいろいろな概念を学んできました。

静かに頷くゼミ生一同。

　　足利先生：それらをふまえたうえで、後期はいよいよ国際政治学の世界へと議論を広げていきたいと思います。

（国際政治……なるほど、この学部は“国際学部”だものな。ということは、後期から本格的に大学生としての勉強が始まるのかもしれないな。しかし……）

そのとき、福留幸恵が手を上げた。

　　幸恵：先生、正直わたしには国際政治といっても具体的なイメージがわかないのですが、どのようなことを学ぶのでしょうか？

拓がいままで考えていたのも、まさにその点であった。

　　足利先生：なるほど、良い質問だね。逆に尋ねるけれど、君は国際政治と聞いたときに、どのようなことを勉強すると思うかな？
　　幸恵：違う国同士がうまくやっていくためのしくみ……たとえば EU とか国連とか……そういったものがテーマになってくるのかな、とは思います

が……。

　足利先生：うん、そのように考えてもらってよいと思います。

「国連かぁ……」「世界史のなかの現代史にあたる部分を勉強する感じかな？」

幸恵の発言を聞いたゼミ生たちがざわつき始める。

　足利先生：ですが、皆さん、単にそうした国際機関についての知識を得るだけにとどまらないでください。わたしが皆さんに望むのは、国際政治というテーマを通じて、世界の多様性について考えてもらいたいということです。

足利先生がゼミ生たちを制するように言った。

　足利先生：後期のゼミでは、そのほかにも移民や国際紛争、安全保障など、いまメディアを賑わせているようなさまざまな問題を取り上げます。そうした問題の根底にあるもの、言い方を換えれば、国際政治を必要ならしめているもの、それが世界の"多様性"である、とわたしは考えます。

徐々に熱を帯びてきた足利先生の話に押されたのか、あるいは多様性という言葉の意味がうまく伝わらなかったのか、ゼミ生一同は沈黙している。

　足利先生：うん、そんなに心配する必要はありません。目の前の課題に一つひとつ取り組むなかで、徐々にわたしの言った言葉の意味がわかってくると思います。そのために大切なことは……。

少し間をおいて足利先生はつづけた。

　足利先生：なにか関心のある国際的な問題を挙げて、その問題が生じて大

きくなってきた歴史を追うことが必要になります。現在の問題は、過去に
そのきっかけがあります。過去の積み重ねが「現在」です。いまの国際情
勢は、「現在」だけを見ていても混乱するだけだと思います。歴史から学
ぼうとする姿勢が国際政治を学ぶ入り口だとわたしは思っています。

拓は少し目が覚めた気がした。

（ロシアとウクライナの問題にせよ、それぞれの歴史を知らなかったから、
いや、そこを勉強しようとしなかったから、どうも整理できなかったの
か）

拓の背中を押すように足利先生が続けた。

　足利先生：まずは一つのことでいい。地道に本を読んで歴史を学ぶことで
　す。事実、そしてそれに対する解釈もさまざまですから、たくさんの本を
　読むことです。地道な努力がみんなを育ててくれますよ。

拓は本を読むとすぐ眠くなるが、今学期からは地道に本を読んでみようと思
い、帰りに学内の書店で新書を1冊買った。

10月 第1週 国際政治の歴史を学ぶ（1）

国際政治は、主権国家の間で繰り広げられる政治的な営みである。その歴史は、主権国家という理念が誕生した17世紀半ばのヨーロッパに始まる。そこからどのような変遷をたどって現代の国際政治が形づくられてきたのか、2回に分けて学んでいくことにしよう。

主権国家体系

近代初期のヨーロッパでは、カトリックとプロテスタントとの宗教対立によって、1618年以降各地で戦争と内乱が続いた（三十年戦争）。これを終結させるために合意されたウエストファリア条約（1648年）により、ローマ教皇という宗教的権威と神聖ローマ皇帝という世俗的権威が支配する中世世界が終わりを迎えることになる。かわって、諸侯が絶対的な支配権を及ぼす領邦が並存するという秩序像が生まれた。こんにちわたしたちが国家と呼ぶところの領域的主権国家概念の誕生である。その後、数世紀かけてこの主権国家が並存するシステム（主権国家体系）がヨーロッパに形成されていくことになる。

この時期、アジアやイスラーム世界などヨーロッパ以外の地域では、それぞれ主権国家体系とは異なる独自の秩序が形成されていた。しかし、ヨーロッパ諸国が国力の増大とともにそれら地域を支配下におさめていったため、結果としてヨーロッパの主権国家体系が国際政治全体の枠組みとなった。

ヨーロッパ協調

19世紀に入ると、主権国家という理念的な枠組みが実態として制度化され、主権国家間の勢力均衡を軸とした世界秩序が構築される。この時代の国家は封建的な絶対主義体制を敷いていたが、1789年に始まるフランス革命から生まれた絶対君主打倒の機運が周辺地域にも広がり、諸国はそれへの対応に迫られることになる。1799年にナポレオンが権力を掌握したフランスは、その後大規模な対外戦争へと乗り出した。周辺諸国は対仏同盟を結成し

対抗したが、フランスはこれを破り次々と支配地域を広げていった。それにともなって「人民主権」の理念や民族（nation）の自覚を鼓舞するナショナリズムもヨーロッパ各地に波及することになった。しかし、1812年のロシア遠征失敗を機にフランスの勢いは止まり、1814年パリが陥落、ナポレオンは退位した。

　この戦後処理と秩序再建のために、オーストリア、プロイセン、ロシアおよびイギリスの四大国主導のもとウィーン会議が開催された（のちにフランスも加わり、五大国主導となる）。この会議は、「会議は踊る、されど進まず」という言葉で有名なように大国の利害が真正面から衝突するものとなり、その調整に約9か月もの時間を要した。最終的には、各地のナショナリズムを抑え込み革命以前の統治を復活させること（「正統主義」）で一定の合意を得ることができたものの、主権国家体系における各国の利害調整がいかに困難なものであるかを示すものとなった。

　一方この会議には、その後の国際政治の行動原則を左右する重要な意味合いもあった。すなわち、自国の利益のみを考え国際政治を自らの思うように動かそうとする単独主義でもなく、また直接対峙する相手国との間でそれぞれ個別に外交を行う二国間主義でもなく、複数国が会議などの場で国際社会全体の重要事項を協議する多国間主義という理念が国際政治の基本に据えられた。そしてそれに基づいた「ヨーロッパ協調」（Concert of Europe、別名「ウィーン体制」）と呼ばれる外交方式が生み出されたのである。ただし「多国間」といってもそれは「大国間」での相互抑止という意味合いが多分にあり、小国はむしろ大国の決定にその運命が左右される状況であったことは注意を要する。

帝国主義

　ウィーン会議で合意された国際政治の基本原則は、1848年のパリの民衆蜂起に始まるヨーロッパ各地での革命運動、そして1853年から1856年まで続いたクリミア戦争によって崩壊する。さらに1861年のイタリア統一（リソルジメント）と1871年のドイツ帝国の誕生によって、大国間の勢力関係に大きな変化がもたらされた。特に、ドイツ帝国の宰相となったビスマルク

は、軍備増強とともにドイツを中心とした同盟関係を巧みに構築し、ウィーン体制とは異なる秩序をヨーロッパに実現した。

　この時期、資本主義経済の発達にともない、大国は新たな領土と市場の拡張を求めてヨーロッパ外の「未開地」に植民地を建設し、帝国を築いていた。加えてそれは、「野蛮」な場所に「文明」をもたらす行為として道義的な正当化をともなうものであった。こうして国際政治は、大国支配の論理が世界大に適用される帝国主義に彩られたものとなった。1890年にビスマルクが失脚すると、ドイツ帝国は他の諸国に対抗する姿勢に転じ、国際政治は再び大国がしのぎを削る場となった。そして、ドイツ、オーストリア、イタリアによる三国同盟と、イギリス、フランス、ロシアによる三国協商との対立という構図ができ上がった。

第一次世界大戦

　大国間の帝国主義的対立は、世界各地に衝突の火種を抱えていた。1914年、セルビア人青年によってオーストリア＝ハンガリー帝国の皇位継承者であったフランツ・フェルディナントが暗殺されたことを機にその火種が燃え上がった。当初はオーストリアとセルビアとの間の外交問題であったものが、さまざまな要因が絡みあって五大国すべて、さらにはそれぞれの植民地を巻き込む紛争へと発展した。第一次世界大戦の勃発である。これは、多国間主義に基づく会議外交によって大国が相互に抑制と均衡をはたらかせ平和裡に事態に対処するというヨーロッパ協調の枠組みの崩壊が決定的となった瞬間でもあった。そしてこの戦争では、18世紀後半のイギリスに始まった産業革命による技術革新を受けて製造された殺傷能力の高い兵器が多く使われ、民間人も含めた人的被害が膨大なものとなった。また、戦闘に直接参加しない国民をも戦争に動員する総力戦という戦時統治体制が構築されたこともこの大戦の特徴といえる。

　ドイツを中心とした同盟国側は、フランスを早期に打ち破るとともにロシアに展開するという二正面作戦によって勝利を手にしようとした。しかし、戦闘が長期化するにしたがい苦戦を強いられ、1917年4月のアメリカ参戦が決定打となって翌年11月ドイツが降伏した。一方ロシアでは、大戦中の

1917 年 2 月に民衆運動から革命が起こり帝政は崩壊、レーニンが率いるボ
リシェヴィキが政権を掌握した。そして 1922 年に四つの共和国からなるソ
連が誕生し、その後の国際政治を動かす存在となっていく。

ヴェルサイユ体制

　1919 年 1 月にパリで開催された講和会議で、アメリカ、イギリス、フラ
ンス、イタリア、日本という大国を中心に戦後処理問題が話しあわれ、同年
6 月に対独講和条約であるヴェルサイユ条約が締結された。なかでも、この
条約に規定された国際連盟の創設が注目される。それは、加盟国すべてが参
加する総会が設けられたことにみられるように主権平等原則を体現するもの
であったが、他方で、安全保障分野においては軍事的・経済的強大国（英仏
伊日、のちに独ソが加わる。米は上院の条約批准拒否のため不参加）によっ
て構成される理事会が主導する大国指導体制を制度化するものでもあった。
第一次世界大戦後の国際政治は、このヴェルサイユ体制のもとで展開されて
いく。

　総力戦によって国土を荒廃させた反省から、国際連盟には国家が戦争に訴
えることを抑制するしくみが整えられた。そのなかで最も重要なものが、集
団安全保障体制の創設であった。これは、ある国家集団内で他国に向けて武
力を行使しないことを相互に約束し、その約束に反したり平和を乱したりす
る国に対しては他の国家が共同でこれに対抗し、自国の安全を相互に保障す
るしくみである。それまでの「敵味方関係」を基本とした同盟間の勢力均衡
という安全保障観からの根本的な転換となるものではあったが、結果的に第
二次世界大戦の勃発を防げなかったこともあり、この連盟の集団安全保障体
制を軸としたヴェルサイユ体制は国際政治の平和と秩序を維持する役割を十
分に果たすことができなかった。

　第一次世界大戦終結後の 1920 年代は、国際政治において軍事衝突もなく
比較的安定した平和な時代だった。他方、国内政治に目を向けるとヨーロッ
パ各地で権威主義体制の樹立がみられた。特に、多額の戦後賠償を支払う術
を奪われたドイツは経済破綻にいたり、連合国側から一方的に戦争責任を負
わされたことに対する社会の不満も相まって、ゲルマン民族主義を標榜する

ナチ（国民社会主義ドイツ労働党）が台頭、1933年にはヒトラーが政権を握った。また、大戦による国家の疲弊から回復できず社会混乱に陥っていたイタリアは、1922年にムッソリーニが政権につき、一党独裁体制を確立した（ファシズム）。

課題

1．近代のヨーロッパで誕生した主権国家体系は、なぜ数世紀の間に世界へと拡大し、国際政治の枠組みとなりえたのか。その要因について考えてみよう。
2．日本が国際連盟を脱退した理由を調べ、その是非を当時の歴史的状況に照らしあわせて論じてみよう。

読書案内

岡義武『国際政治史』（岩波現代文庫、2009年）
国際政治の歴史的展開を、政府間のやり取りのみに着目せず、ヨーロッパ各国の社会変動と連関させつつ描き出す。日本における国際政治史の古典的名著。初版1955年。

小川浩之・板橋拓己・青野利彦『国際政治史──主権国家体系のあゆみ』（有斐閣、2018年）
国際政治の歴史を学ぶうえで押さえておくべきポイントを、詳細かつ平易に解説したテキスト。参考文献も豊富に挙げられており、本格的に国際政治史を学ぶための導入として最適な一冊。

高澤紀恵『主権国家体制の成立』（山川出版社、1997年）
ヨーロッパにおいて領域的主権国家を単位とする近代的秩序がどのように誕生したのかがよくわかる。国際政治の基本原理の一つである「勢力均衡」の萌芽的ありようを理解するためにも有益。

（小松﨑利明）

前回につづき国際政治の歴史について学んでいく。今回は、第二次世界大戦の発生へといたる「戦間期」から現代世界までの国際政治の大きな流れをみていくことにしよう。

戦間期

1929 年 10 月、ニューヨークの株式市場で株価が大暴落し、その影響は世界に波及した。1930 年代の国際政治は、この大恐慌への対応を軸に展開されることになった。各国は自国の経済を守るために保護主義的政策をとったが、広大な植民地をもっていたイギリスとフランスはその帝国内部で貿易を拡大することによってこれに対処しようとした。他方、植民地獲得競争の後発国であるドイツ、イタリア、日本は、対外膨張政策にその命運を託した。

1869 年の明治維新とそれにつづく近代化政策によって国力を増大させた日本は、中国大陸への進出に乗り出していた。1931 年 9 月、中国東北部に駐留していた日本軍（関東軍）が奉天近郊の柳条湖において線路を爆破し、これを中国による攻撃だとして軍事行動を開始した。関東軍は日本政府の「不拡大方針」を無視して戦線を拡大し、1932 年 3 月には清朝最後の皇帝であった溥儀を擁立して傀儡国家の満州国を建国した。この一連の出来事（満州事変）に対して各国は、連盟総会を通じて日本の行動を非難する態度を示したが、これを不満とした日本は国際連盟を脱退、1937 年 7 月の盧溝橋事件以降、中国との全面戦争に突入する。

ヒトラー政権下のドイツは、ヴェルサイユ体制を打破する姿勢をみせ、「生存圏」を確保する目的のもと東方への勢力拡大を図った。そして日本につづいて 1933 年 10 月に国際連盟を脱退し、1935 年にはヴェルサイユ条約を破棄して再軍備を宣言する。また、イタリアではムッソリーニ率いるファシスト党が 1935 年 10 月、エチオピアに侵攻した。国際連盟はイタリアへの経済制裁を決定したが、効果に乏しいものにとどまり、その集団安全保障体制の機能不全があらわとなった。そしてイタリアも 1937 年に連盟を脱退し

た。日独伊は相互に接近し、1940年に三国同盟を設立、枢軸国と呼ばれる陣営を形成する。

第二次世界大戦

　積極的対外行動に出た日独伊3か国に対して、当初各国は黙認と譲歩による宥和政策をとったが、ドイツがチェコスロバキア（1938年）およびポーランド（1939年）へと侵攻するにおよんで、イギリスとフランスはドイツに宣戦を布告した。さらに、1941年6月にドイツが不可侵条約を破棄してソ連に軍事侵攻を開始すると、チャーチル英首相とルーズヴェルト米大統領は共同宣言（「大西洋憲章」）を発表して、対決姿勢を明確にした。

　同年12月、日本は「大東亜共栄圏」の創設を掲げてアメリカおよびイギリスに宣戦布告、数日後には同盟国ドイツとイタリアもアメリカに宣戦布告した。米英ソ中の四大国はその他22か国とともに「反ファシズム戦争」に勝利すべく「連合国（The United Nations）」を形成した。ここにいたって、ヨーロッパの戦争とアジア・太平洋の戦争とが結びつき、世界は日独伊を中心とする枢軸国側と英仏および米ソが主導する連合国側に分かれ戦火を交えることになる。最終的には、1943年7月にムッソリーニが失脚、1945年5月にドイツが降伏、同8月には日本が無条件降伏し、第二次世界大戦は連合国側の勝利で幕を閉じた。

　第二次世界大戦は、国際政治に大きな変化をもたらした。それまで大国として国際政治を動かしていたイギリスやフランス、またドイツや日本が長期の戦争によって国力を著しく低下させ、それにかわってアメリカとソ連が国際政治の主導権を握るようになったのである。特にアメリカは、20世紀初頭に世界の工業生産の3割を占めるまでに国力を増大させ、大恐慌を克服してのちは、世界最大の経済力とそれに下支えされた軍事力で国際政治の帰趨を左右する存在になっていた。

冷戦

　大戦後の世界秩序構想については戦争継続中から連合国内で話しあわれ、サンフランシスコ会議（1945年4〜6月）でその中核となる国際連合（国連）

の創設が合意された。国連は、第二次世界大戦の発生を防げなかったという連盟の「失敗」を教訓に、戦争を含む国家の恣意的な武力行使を違法化し、安全保障理事会を中心としたより強固な集団安全保障体制を構築した。同時にそれは、常任理事国となった米英仏中ソの5か国による集団指導体制がより堅固なものとなることをも意味した。

　ただし、この集団指導体制は一枚岩ではなかった。大戦中から表面化していた米ソの確執がこの体制にも深く刻み込まれていた。それは、自由主義の拡散を掲げるアメリカと社会主義の世界的実現を目指すソ連というイデオロギーの相違に基づく対立であった。トルーマン米大統領は1947年3月の議会演説で、世界を「自由世界」と「全体主義世界」とに二分したうえで、自由主義国家を経済的・軍事的に支援し、共産主義を封じ込める必要性を示した（「トルーマン・ドクトリン」）が、その象徴の一つが1948年以降のドイツの東西分断であった。

　第二次世界大戦後の世界は、強大な国力を有する米ソ両国がそれぞれの陣営の拡大を目指して外交を展開し、その他の国々はその枠組みのなかで振る舞うことを余儀なくされるという状態となった。この二つの超大国は核兵器によって相手を威嚇する核抑止政策と核軍拡を基本政策としたため、おたがいが直接武力行使に出ることはないもののつねに緊張関係にあるという冷戦構造が生み出された。ただし、世界各地では軍事衝突をともなった「代理戦争」が起きていた。朝鮮戦争（1950〜53年）とベトナム戦争（1955〜75年）は、米ソが対立する勢力をそれぞれ支援し大きな被害をもたらした顕著な例である。また、1962年のキューバ危機は、米ソの緊張関係が核衝突の一歩手前まで高まった事件であった。

　ヨーロッパでは北大西洋条約機構（NATO）（1949年）とワルシャワ条約機構（1955年）という軍事同盟間の対立も存在したが、1970年代には全欧安全保障協力会議（CSCE）（1973年）が開催され、東西ヨーロッパが緊張緩和（デタント）に向けた取り組みを続けた。1979年にはソ連がアフガニスタンに侵攻するなど再び米ソの対立が先鋭化したが、1985年、ゴルバチョフがソ連の共産党書記長に就任すると、ペレストロイカ（立て直し）とグラスノスチ（情報公開）を掲げ改革を推し進め、アメリカのレーガン大統領との間

で関係改善を模索する姿勢にでた。同時にこの時期、ハンガリーやポーランドなどの東欧諸国で民主化が進行しており、1989年のベルリンの壁崩壊、そして1991年のソ連崩壊とともに冷戦は終わりを迎えた。

冷戦後世界

　冷戦の終焉を象徴する出来事の一つが、1990年8月にイラクが隣国クウェートに侵攻したことによって起こった湾岸危機である。国連安保理は翌年1月、アメリカを中心とする「多国籍軍」に対イラク軍事制裁を容認する決議を採択した。冷戦中は米ソの対立の場となっていた安保理の意思統一が実現したことで、世界は冷戦の緊張状態から解放されたかのように思われた。しかし、それまで冷戦構造のなかである程度抑えられていたさまざまな矛盾が一気に表面化することになった。その特徴は、従来の国家を単位とする戦争ではなく、武装した集団同士の国境を越えた衝突、また武装集団と国家とが武力衝突を繰り広げる非対称な「新しい戦争」であるということにある。アフリカやバルカン半島では民族などの集団間の対立が激しさを増し、暴力をともなう内戦へと発展した。また、2001年9月11日に起きた「同時多発テロ」を機にアメリカが展開した「対テロ戦争」は、アフガニスタンやイラクの政権を崩壊させるのみならず、「イスラーム国」という新たな種類のテロ集団を生み出す結果となった。

　ヨーロッパでは、1952年の欧州石炭鉄鋼共同体設立に始まる欧州統合が「深化と拡大」の段階に入った。他方アジアでは、新興国の台頭によって国際政治の構図が書き換えられる状況が生まれている。まず中国の経済・軍事面での強大化が挙げられる。国防費はアメリカに次いで世界第2位となり、海軍力を背景にした東シナ海や南シナ海への海洋進出を積極的に行っている。さらに「一帯一路」構想を掲げ、中国を中心とした広域経済圏の構築を目指して経済的影響力を世界各地に及ぼしている。また、近年高い経済成長率を維持しているインドの影響力も見過ごすことができない。インドは、先進国に加え新興国も参加する枠組みとして2008年の世界金融危機後に創設された主要20か国・地域（G20）のなかで新興国のリーダーを自認し、「グローバル・サウス」の盟主としての外交を展開している。このように新たな「大

国」の存在が国際政治の鍵となると考えられる一方で、現代はこれまでの大国のように国際政治を主導する単一の国もしくは国家グループが存在しない「G0（ゼロ）」の世界だという指摘もなされており、いかなる原理に基づいて秩序が生み出され維持されるかは不透明な状況にある。

課題

1．国際政治の歴史を学ぶ際に「冷戦」という言葉がもつ問題点について考えてみよう。
2．ここで学んだことをふまえて、今後の国際政治がどのような方向に進むか考え、話しあってみよう。

読 書 案 内

E. H. カー 『**危機の二十年――理想と現実**』（原彬久訳、岩波文庫、2011 年）
戦間期の国際政治における理想主義的アプローチを批判的に検証し、国家間の権力関係に焦点を当てた現実主義的アプローチの重要性を提唱する必読の一冊。

佐々木雄太 『**国際政治史――世界戦争の時代から 21 世紀へ**』（名古屋大学出版会、2011 年）
「国際社会の世界化」と「世界戦争」を鍵概念に、19 世紀末から現代までの「長い 20 世紀」の国際政治を描く。見開きの右ページには理解を助ける図表が豊富に提供されており、史料集としても有益。

ジョセフ・S. ナイ・ジュニア 『**国際紛争――理論と歴史〔原著第 10 版〕**』（田中明彦・村田晃嗣訳、有斐閣、2017 年）
アメリカ政府高官として外交に携わった経験も有する著者による国際政治学の概説書。国際政治の理論と現実との関係を歴史的な視点をもって分析する。

（小松﨑利明）

10月　第3週　国際政治の理論を学ぶ

　国際政治には、国内政治のような「統一政府」は存在しない。そのなかで国家は、ときに争い、ときに手を握りあう。では、そこではどのようにして秩序が生み出され、維持されているのであろうか。その説明を試みる理論はいくつも存在するが、ここでは四つの主要理論の基本的な考え方を学んでいこう。

リアリズム

　リアリズムの国際政治観は、人間の本性についての悲観的な見方から出発する。人は自らの利益を獲得するために競争的になり、他者よりも優位な立場に立とうとするが、それは国と国との関係においても同様だと考えるのである。歴史的にこうした見方は、テュキディデス、マキアヴェッリ、ホッブズといった思想家によって提示されてきたものであり、また「政治とは人びとに対するパワーをめぐる闘争である」とした20世紀を代表する国際政治学者であるハンス・モーゲンソーの基本姿勢でもある。

　国際社会は、国内社会のように権力を集中させそれを正統に行使する政府をもたないという意味で無政府状態（アナーキー）である。そのなかで国家は、生き残りをかけて自己の利益を最大にすべく行為する。したがって国家の政策形成においては、国家安全保障が最優先課題となり、そのための手段としての軍事力が重視される。このように、国際関係はホッブズのいう「万人の万人に対する闘争」であり国家間の権力闘争（パワー・ポリティクス）が行われる場であるという認識が、リアリズムの根底には存在する。そうした意味で、国際政治は何より国家の間の政治であるという国家中心主義的思考が基本となり、国際政治のさまざまな場面で登場する国際機構やNGO、また企業や個人などは、ほとんど重要性をもたない存在であるととらえられる。

　現在では、こうした古典的なリアリズムに加えて、人間本性ではなく国際構造のありように着目して国際政治を説明するネオ・リアリズムなど、さま

ざまな派生理論が存在する。

リベラリズム

　リベラリズムは、人間の本性について理性への信頼に基づいた楽観的な見方をとり、リアリズムとは対照的な人間観をもつ。つまり、人びとは自らの利益を求めて競いあう一方で、他者と利益を共有することもあり、個人間であれ国家間であれ、協力的な行動をとることが自らの利益にも資すると判断することもある。したがって、国際政治において国家間の衝突や戦争は不可避ではないと考える。

　リアリズムでは国家が主たるアクター（行為主体）であるとされるが、リベラリズムでは、上記のような国家以外のアクターも国家の政策決定に影響を与え、国際政治において重要な役割を果たすとされる。したがって、国際関係の争点は、国家間の権力闘争（安全保障）に限定されない。さらに、リベラリズムもリアリズムと同じく国際関係は無政府状態であるという前提に立つものの、たとえそうであっても国家は協力しあうことが可能だと考える。リベラリズムの基本認識においてそうした国家同士の協力関係は、法の支配に基づくもの、すなわちある一定の規範やルールに則って国家が行為することを意味する。ゆえに、リベラリズムでは国際関係の制度の役割に注目するのである。

　リアリズムと同様リベラリズムにおいても、国際関係の変容に対応した理論的発展（多元的安全保障共同体論、相互依存論、国際レジーム論、デモクラティック・ピース論など）が存在する。

従属論・世界システム論

　19世紀から20世紀にかけて、貿易や金融といった経済問題が国際政治の主要テーマとなり、国際政治経済論と呼ばれる学問分野が生まれた。そのなかで、リアリズムでもなくリベラリズムでもない新たな視点から国際政治における経済的要因の果たす役割に着目したのが従属論であり、それを発展させたのが世界システム論である。

　第二次世界大戦後、植民地地域が新たに主権国家として独立を果たした。

しかし、すでに構築されていた自由貿易体制は先進国の経済発展を最優先とするものであり、経済的に脆弱な新規独立国はこの体制からの恩恵を十分に受けることができなかった。1970年代に入り、そうした先進国中心的な国際経済システムに対する異議申し立ての声が途上国を中心に高まってきた。その際に登場したのが、社会は資本家（ブルジョアジー）が労働者（プロレタリアート）を搾取する構造になっているというマルクスの定式を国際関係に適用する「新マルクス主義」に基づく従属論であった。その主張はこうである。途上国が貧困にあえいでいるのは、途上国自身に問題があるからではなく、途上国が不平等な地位におかれているからである。そうした国は、自らの努力によって先進諸国並みの経済発展を遂げることはできない。なぜなら、途上国が輸出する原材料は安価で買い叩かれる一方で、先進国からの輸入製品については高値で買うことを余儀なくされるからである。

　このように従属論は、先進国がつくった国際貿易体制のなかで、途上国が最初から従属的地位に押しとどめられ搾取されていることを告発する点にその存在意義があった。しかし、韓国、台湾、シンガポールといった国がそうした体制のなかででも急速な経済発展を遂げたことを受けて、その影響力が失われていった。

　従属論が想定した固定的な国家間の「支配‐従属」関係が現実と符合しないという批判に応える形で登場したのが「世界システム論」である。その代表的論者であるイマニュエル・ウォーラースタインは、途上国のなかでも韓国などのように「支配」側へと移動する国もあるが、逆に「従属」の度合いを高める国もあることから、国家間の不平等なヒエラルキー（階層秩序）が資本主義世界経済を特徴づけていることには変わりないと論じた。

　さらに、従属論が主として20世紀半ばの途上国の実情に注目していたのに対し、世界システム論は世界全体を一つのシステムと考え、歴史的な視点からその構造を明らかにしようとする。この資本主義世界システムは、「中心」「準周辺」「周辺」という三つの地域に分けられる。「中心」は銀行業、製造業、造船など最も進んだ経済活動を行ってきた地域、「周辺」はそうした「中心」の経済活動に用いられる原材料を供給する役割を担ってきた地域、そして「準周辺」は「中心」と「周辺」の間に位置し両者の要素をあわせも

つ地域である。これら三つの地域は固定的なものではなく、歴史とともにその位置づけが変化してきた。このような資本主義を軸としたシステムは16世紀頃に生まれ、その後さまざまに変化を繰り返しつつも、「中心」に位置する国が覇権を握って「周辺」と「準周辺」を支配するという不平等な構造が継続しているのである。

コンストラクティビズム

　リアリズムもリベラリズムも、さらにはそれらを批判する従属論や世界システム論も、軍事力や経済力といった物質的な要因に観察や分析の基礎をおいていた。それに対して、国際関係はそうしたものではなく、理念や信念といった人間の意識、つまり非物質的要因によって構成されるものであるという見方を提示したのがコンストラクティビズムである。

　国際政治は、それ自体物質的なものとして存在したり、軍事力や経済力など「客観的に」測定できる要因によって動かされたりするのではなく、また、国益や安全保障といった概念もそれ自体として意味が確定されているわけではない。そうではなく、理念、それも国家をはじめとするアクターが共有する理念が反映したものが国際政治であり、国家の関係を変化させる要因なのである。さらに、そのように共有された理念は、自然発生的に出現するものでもなければ、強大国が一方的に他国に押し付けられるものでもない。理念はアクター間の相互作用の過程のなかで生み出され、それがアクターの性質や関係性、アクターにとっての利害、また国際政治の構造といったものを規定するのである。さらに、その共有された理念自体も不変ではなく、ある特定の時間や場所、そしてそこに参与するアクターの相互作用に応じて変化する「間主観的」（intersubjective）なものである。

　このように考えることによって、それまでの伝統的理論が予測できなかった事象、たとえば冷戦終結とその後の国際政治の変化といった現象をも理解することができる。コンストラクティビズムの代表的論者であるアレキサンダー・ウェントによると、冷戦が終わったのは、米ソ両国がおたがいを敵とはみなさないようにすると決めたからであり、それによって「冷戦が終わった」という集合的な意味が生み出されたからである。つまり、国際政治が大

きく変動したからアクターの行為や国際的なシステムの構造が変化したのではなく、国際政治のアクターの行為を規定する構造の集合的な意味が変化したために国際政治に大きな変動が生まれたということになる。

課題

1. ニュースで見聞きした国家の行動や国家間の関係を、本文で紹介した理論を用いて説明してみよう。
2. 現在の日本が抱える外交課題を調べ、それに対してそれぞれの理論的立場から政策を考えてみよう。

読書案内

モーゲンソー『国際政治——権力と平和』（原彬久監訳、岩波文庫、2013 年）
「権力／力（パワー）」とそれによって実現される「国益」という概念を軸にリアリズムの視点から国際政治を描き出す、必読の古典的名著。

吉川直人・野口和彦編『国際関係理論［第 2 版］』（勁草書房、2015 年）
国際政治の理論については本章で紹介したもの以外にも数多く存在するが、それらをていねいに解説してくれている。理論を本格的に学習するための導入的一冊。

有賀貞・宇野重昭・木戸蓊・山本吉宣・渡辺昭夫編『講座国際政治 1 ——国際政治の理論』（東京大学出版会、1989 年）
理論それぞれの紹介に加え、東アジアやイスラームといったヨーロッパ以外の世界認識や、国際政治思想、平和研究のパラダイムなどについての論考を含む、国際政治理論の包括的かつ体系的な解説書。

（小松﨑利明）

第4週　国際法とはなにか

　国際政治も政治である以上、そこに権力の行使がともなう。現代の法治国家では、その制度内に憲法や法律によって恣意的な国家権力の行使を抑制するしくみが備わっている。国際政治においては、国際法がその役割を担っている。ただしそこには、国内的なしくみとは大きく異なる特徴がある。

国際政治のなかの国際法

　政治学において国家権力と法との関係について考える際にしばしば参照されるのが、法治主義と法の支配という概念である。どちらも権力の行使は法の規定に基づいて行われるべきだという考え方を基礎におくが、歴史的には異なる文脈から生まれたものであり、前者は形式的な適法性を重視し、後者は適用する法の内容（実現すべき法的正義の妥当性）に着目するという違いがある。ただし時代とともにそれぞれの意味内容にも変化が生じており、現代では両者を厳密に区別せずに「法の支配（rule of law）」という言葉が用いられることが多い。ここでこうした概念の詳細な検討に入る余地はないが、一つ確認しておきたいのは、政治にとって法は権力行使の足枷になることもあると同時にその正当化根拠ともなる、すなわち両義性をもっているということである。これが、国際政治における国際法の役割を考えるうえでの重要なポイントとなる。

　近代ヨーロッパにおいて領域的主権国家が誕生して以降、各国は自らの安全を確保するためにさまざまな制度を生み出してきた。その代表的な存在が国際法である。国際法は主権国家が共存し協力し、利益を調整しあい、国際社会に秩序を生み出し維持するために必要となる基本的な規範である。つまり、国際政治は法的な枠組み（制度）のもとに展開されているということができる。それでは、国際政治は法の支配のもとにあるといえるのだろうか。この問いに答えるのは簡単ではない。それは、そこでいう「法」が具体的になにを指しているか、またどのような状態をもってそれが「支配」しているといえるかについての答えが、国際政治をどうみるかによって変わるからで

ある。この問題について考えるために、国際法の基本的特徴を確認すること
にしよう。

国際法の基本的特徴

　一般に現代の民主制国家では国家権力を立法、行政、司法に分立させる体
制がとられており、主権者の代表によって構成される立法府が制定したもの
だけが正統な法として社会に適用される。他方、国際政治には国内政治のよ
うな権力の正統な一元的担い手は存在しない。ゆえに、国際社会の構成員を
代表するような「国際立法府」は存在しない。では、国際法はどのようにつ
くられるのだろうか。国際法は、基本的に国際社会の主たる構成員である国
家自身によって個別的につくられるのである。その存在形式（法源）として
は主に「条約」と「慣習国際法」がある。

　条約とは「一定の手続に則って結ばれる書面による国家間の合意」である。
条約に関する基本原則として、「合意は第三者を害しも益しもしない」とい
うものがある。条約は合意をした当事者間でのみ効力をもつという意味であ
る。当然のことのように思われるかもしれないが、国内社会においてそこに
住む人びとは社会に適用されるルールのすべてに合意しているわけではない。
従いたくないルールについても、正統な手続きのもとで制定された法には従
う義務が生じる。国際社会では、国は従ってもよいと考えた（そして他国と
合意した）ルールにだけ拘束されるのである。

　慣習国際法とは文書にはなっていないものの国際社会に存在するルールの
ことである。この慣習国際法は、多くの国が一定期間同じような振る舞いを
していること（「一般慣行」）とそうした振る舞いが義務なのだという認識
（「法的信念」）を要件として成立するとされる。慣習国際法は原則としてす
べての国を拘束するものとされているが、新たな慣習法が生成されるとき、
当初からそれに反対をしていた国（「一貫した反対国」）に対しては効力をも
たないとされる。

　このように国際法においては、国家は自国が同意していない（反対しつづ
けている）法を守ることは強制されない。国際社会における国家主権の独立
性・至高性ゆえである。それにもかかわらず、これまで諸国は多くの法を生

み出してきた。それは自らの国益を実現するとともに安全を確保するためである。

戦争違法化の歴史

　国益実現と安全保障という意味で歴史的に国際政治で国際法が最も大きな役割を果たしたのは、戦争に関する規則についてであろう。国家は正しい戦争と正しくない戦争を区別することによって戦争の発生を抑制し、自らの戦争行為の正当化を図ってきた。主権国家体系の萌芽が誕生した 17 世紀から 18 世紀にかけては、「正戦論」がととのえられた。戦争の合理的な正当原因として「自己防衛」「奪われた財産の回復」などが挙げられ、それ以外は不当な戦争とされた。しかし、どの武力行使が正当なものかを判断する主体は各国家に委ねられていたため、いずれの国も自らの行為を正当なものと主張することとなり、次第に正戦論の意義は薄れた。かわって 19 世紀に登場したのが「戦争の主権的自由論」である。戦争に訴えることは国家の主権的権利であり、国際法上これを制約するものは存在しないという考え方である。開戦理由の当否を客観的に判断することが不可能なのであるから、国家が開始する軍事行動を一様に正当とみなしたうえで、実際の戦闘行為に対する規制を整備しようという考え方である。

　しかし、あらゆる戦争が正当なものとみなされる状態は、戦争によって国家利益が実現できる反面、自らの安全を脅かすことにもなる。そこで 19 世紀の終わりから 20 世紀初頭にかけては、国家の交戦権を制限しようという動きになった。1899 年と 1907 年の 2 度にわたってハーグ平和会議が開催された。この会議では、開戦に関する条約、陸上での戦闘行為に関する規則を確認する条約、毒ガス兵器を禁止する条約などが生み出された。正当な軍事力行使とみなされるためには一定の手続きをふむことが求められ、また実際の戦闘行為において遵守すべき戦闘方法や手段、また使用が禁止される武器の種類などについて合意がなされたのである。

　ところが、第一次世界大戦が勃発する。戦後創設された国際連盟では、加盟国は原則として戦争に訴えない義務を負うことになった。また、外交交渉によって解決できない紛争や国交断絶にいたる恐れのある紛争は、仲裁裁判、

司法的解決もしくは理事会の審査に付す義務が課された。さらに判決や理事会の報告書の公表から3か月間は戦争に訴えることは禁止されるなど、それまで原則各国の主権的権利として認められていた戦争を行う自由に対して法的な制限が設けられた。加えて、国際連盟の枠外でもワシントン海軍軍縮条約（1922年）や不戦条約（ケロッグ＝ブリアン協定）（1928年）が結ばれ、国家の軍事力行使に対するさまざまな法的規制がつくられた。不戦条約の正式名称が「国策の手段としての戦争の放棄に関する条約」であることからもわかるように、この時期の国際政治は戦争を禁止する規範を作り出していた。

国連の集団安全保障体制における法と政治

第二次世界大戦後に創設された国連では、第二次世界大戦を防げなかったという反省から、すべての紛争を平和的に解決する義務が加盟国に課されるとともに（憲章2条3項）、いっさいの武力行使および武力による威嚇が禁止された（同2条4項）。自衛権（同51条）と安全保障理事会（安保理）の強制措置（同第7章）の発動の場合を除いて、国家は対外的に軍事力を使うことができなくなったのである。この二つの場合のみが「合法」な戦争となるという意味で、これを現代の正戦論ととらえる論者もいる。そうした面があることは確かであるが、問題は、その合法な戦争を開始することを決定する安保理のしくみである。

安保理には、安全保障の問題を排他的に扱うことのできる権限が与えられており（憲章24条）、憲章に違反して国際の平和と安全を脅かす行動をとった国に対して軍事的・非軍事的制裁を課すことによって秩序の回復を図る。さらに安保理の決定には法的拘束力が与えられている（同25条）ため、国は自ら同意していない法に強制されないという国際法の大前提が通用しない。つまり、安保理決議は国際社会のなかで唯一、国家に「言うことをきかせる」ことのできる力をもっているのである。

安保理は、常任理事国5か国（米露英仏中）と非常任理事国10か国（2年任期で改選）から構成されるが、強制措置の決定などの重要事項の採択にあたっては常任理事国すべての同意が必要とされる（憲章27条3項）。つまり、14の国が賛成しても常任理事国が1か国でも反対すれば決議は通らない。

いわゆる「拒否権」である。これにより、常任理事国は強制措置の対象とならないということが制度的に担保されるのである。ここでは、常任理事国の個別的意思によって法的制裁の対象が恣意的に選別されるという二重基準（ダブル・スタンダード）の問題が容易に起こりうる。このように国際政治では（民主制国家の）国内政治に比べて、法の支配に対置される力の支配や人の支配のはたらく余地が大きい。国際法の存在にもかかわらず国際政治が法の支配のもとにあるといえるかという問いに答えることが難しい理由である。国際政治においては、どのような「法」がどのような「支配」を行っているのか（行うべきか）をつねに考えていくことが求められる。

課題

1．近代における正戦論と国連憲章下での「現代の正戦論」とを比較し、その違いについて考えてみよう。
2．安保理の決定が「ダブル・スタンダード」だと批判される事例を調べ、法の支配という観点からはどのような決定がなされるべきか、話しあってみよう。

読書案内

大沼保昭『国際法』（ちくま新書、2018年）
国際政治における国際法が果たす役割とはなにかという観点を軸に、国際法の全体像を平易な言葉で解説した一冊。

森川幸一・森肇志・岩月直樹・藤澤巌・北村朋史編『国際法で世界がわかる──ニュースを読み解く32講』（岩波書店、2016年）
国際社会のさまざまな事件について、具体的事例を国際法の視点からその背景と問題点を解説。

最上敏樹『人道的介入』（岩波新書、2001年）
「人道的介入」というトピックを通じて、政治と法と倫理の関係という難解な問題をわかりやすく解き明かす。

（小松﨑利明）

11月　学園祭

「なんだかよくわからないテーマだなぁ」

数名の学生たちが、学内の掲示板に貼られた今年度の学園祭のポスターを囲みながら、ワイワイと談笑している。

「なになに、「Ｚ世代の未来——グローカルな躍動！」……？？？」
「実行委員は、いったい、いつ、どこで、なにがしたいんだ？」

苦笑とも、失笑ともとれる笑いが起こる横を、中原拓と平尾正哉は肩をすくめ、足早に通り過ぎた。

　拓：やっぱり、評判が良くないな……
　幸恵：いったいなんの模擬店を企画すればいいか、全然伝わらないよ。
　武子：自分たちのことを「Ｚ世代」って自分で呼ぶのは、なんかディスられてる感じもする！

　学生による自治を尊重する御幸学院大では、毎年の学園祭を、完全に学生の手に委ねていた。企画・運営は、各学部の代表からなる学園祭実行委員を中心に行われ、毎年新学期から企画会議が重ねられる。
　もともと、実行委員を希望する学生の減少から、低調な学園祭が続いた時期もあった。事態が一変したのは数年前である。実行委員長を務めた「イゴウ」なる学生の尽力により、当時人気を誇ったアイドル・早瀬有望を後夜祭に招聘することに成功、学園祭は学院史上最高といわれる盛り上がりをみせた。翌年、学園祭の感動的なフィナーレに心を揺さぶられた後輩たちが、実行委員に殺到。さらに「イゴウ」が、実行委員長の手腕を就職活動で高く評

価され、某有名企業に内定を得たという噂が広まるにいたって、就職活動への意識の高い学生からの入会志望も相次いだ。加えて今年は、コロナ禍終息後、初の本格的な学園祭。実行委員は春先から大いに盛り上がっていた。

　入学早々、クラブやサークルの新入生勧誘イベントが続くなかでこの話を聞いた拓と正哉は、ゼミ終了後の足利先生との雑談で、その「イゴウ」なる学生についてふれた。すると、足利先生から意外な言葉が返ってきたのである。

　足利先生：「イゴウ」？　ああ、それはわたしのゼミ生だった伊郷章夫さんのことですよ。

　ちょうどTAとしてゼミに参加していた岩川裕子は、学部生時代の同期であった伊郷のことを思い出した。大好きな伊郷が、犬のことをかわいがっている姿を裕子は思い出した。実はふたりは学部時代、お付き合いしていたことがあった。自然と別れてしまったが、突然伊郷の名が出て、顔が赤くなっている自分に気づいた。

　その伝説の文化祭実行委員長「イゴウ」が、実はゼミの先輩だった。何ともいえない高揚感に包まれたふたりは、その余勢で実行委員会に入会。第1回の企画会議から参加していたのだった。ところが……

　正哉：結局、全然まとまらないまま本番を迎えそうだなぁ。
　拓：学園祭のテーマを決めるのでさえ、あれだけ揉めたからね。
　正哉：そもそも、委員の数が多すぎるよ。伊郷先輩のときは、人数も少なかったそうだし……。
　拓：委員のいない学部もあったそうだよ。

　各学部からの実行委員は、自分たちの関心を文化祭のテーマに織り込もうとする。とはいえ、文系、理系の多様な学部に加え、体育系の学部も有する御幸学院大である。その関心は多岐にわたり、会議は初回から荒れた。

正哉：経済学部の委員は「持続可能」は絶対入れるって言うし、工学部は「テクノロジー」のニュアンスが必要、みたいな話だったよね。

拓：「躍動！」って言葉が入ったのは、健康科学部の意見を反映させたんだっけ？

正哉：人文学部なんて、委員同士が揉めてたもんなぁ。国文科が「ディスカバー・ローカル・カルチャー」、英文科が「グローバルな共生空間」で。

拓：だから二つをくっつけて「グローカル」か。

正哉：結局、各委員の意見を全部取り入れたようなテーマにしたけれど、彼らの言うように、木に竹を継いだようなものになってしまったね。

拓：それに会議の雰囲気もぎくしゃくしたままで、最近では発言自体が少ないないものな。

ふたりは揃ってため息をついた。

拓：そもそも、いきなり委員会の場で議論を戦わせたのもよくなかったかもしれないな。

正哉：どういうことだい？

拓：つまり……たとえば委員のなかにも、クラブやサークルで知り合い同士がいたと思うんだよ。そういう人たちが、まず非公式にミーティングして、各学部の考えていることを事前に情報交換するとか、あるいは文系、理系学部の委員だけでまず集まって意見調整するとか……そうしたら、もう少しスムースに話が進んだんじゃないかな。

正哉：なるほどなぁ……

拓の言葉を聞いた正哉は、少し考えてから言った。

正哉：国連の会議も、実はこんな感じで揉めるのかな？

拓：え？　急になんだい？

正哉：今度足利先生がゼミで国連を取り上げるっておっしゃってたじゃないか。国連って、各国の代表が集まってるわけだろう？　国によっては当

然意見の違う国や、お互い衝突する国もあると思うんだ。

拓：たしかにそうかもね。国連って、なんとなく平和のための国際機関っていうイメージだったから、もっと穏やかな雰囲気を想像してたけど、時には激しい議論になるようなこともあるんだろうか。

正哉：それにいま言ったことも、案外今度のゼミのテーマに関係しているかもしれないよ。

拓：？

正哉：知り合い同士とか、同じ系統の学部同志とか、そういう補佐的なグループが必要って話さ。足利先生がおっしゃってたじゃないか。国際政治では、国連のような世界規模の機関だけではなくて、地域ごとの機関や民間の団体も重要な役割を果たしてるって。

拓：そうか。実行委員とは規模は違えど、同じ人間のやることだものな。案外、本質は変わらないのかもしれないね。

　後期から取り組み始めた「国際政治」というテーマに、ゼミ生たちは、どこか自分たちの生活とかけ離れたものを感じていた。ところが、いまの会話を通じ、国際政治を少し身近に感じることのできたふたりだった。

11月 第1週　国連とはなにか

　国際連合（United Nations、以下国連と記す）は 2015 年に創設 70 周年を迎えた。前身の国際連盟が実質 20 年にも満たない短命だったことを考えると──公式には 1920 年創設・1946 年解散、だが 1939 年には世界大戦突入──まさに奇跡の長さだ。世界規模を誇るこの組織は、国際連盟とは異なり創設の目的を達成してきたといえるのだろうか。残念ながら答えはノーだ。国連の存在意義は説明のいらない自明のものではない。国連憲章の前文には、「二度までも言語に絶する悲哀を人類に与えた戦争の惨害から将来の世代を救」うとする絶対の目的が記されている。その達成を目指して、大国と小国の同権、正義と寛容と近隣友好、国際法の遵守、武力の不行使といった基本の国際規範が各国に提示される。国家間の関係を律するこうした規範に加えて、人権の尊重、男女の平等、「いっそう大きな自由のなか」の社会進歩と生活水準の向上といった、人間ひとりひとりのための基本の目的も、国連の使命として掲げられる。国連が彫拓してきた理念には、主権国家を超える論理も胚胎している（たとえば人道の危機に直面した市民のための保護責任（R2P）の原則や、人間の安全保障など）。国連憲章に書き込まれた文言は世界の目標であり、国連は人類の希望なのである。けれども、現実はあまりにも厳しい。国連の制度の構成と政治の現実を学習することは、国際政治のこれからを冷静に展望することにもつながる。

国際連盟の失敗──パワーに屈した理想主義

　上述のように、国連は前身の国際連盟と比べて、圧倒的に長く生き長らえている。なにが異なるのだろうか。第一次世界大戦後、アメリカ大統領ウィルソンのカント的理想主義的な思想と政治的リーダーシップもあって創設された国際連盟は、国際社会の平和を目指して出発した。理事会と総会、常設国際司法裁判所といった機関を設立、人類初の常設の普遍的組織となり、国際組織の歴史に重要な礎石をおくことになる。ところが、当のアメリカは参加せず、理事国日本の満州事変（1931 年）また同じく理事国イタリアのエチ

オピア侵略（1935 年）などに対応できず、ナチ・ドイツのポーランド侵攻（1939 年）以降は完全に機能不全に陥ってしまった（解散は 1946 年）。その加盟国数が 63 か国にすぎなかったという点には留意しておきたい。第二次世界大戦後、国民国家の数が加速的に増加していく。国際連合は、国際連盟の 3 倍以上の加盟国を有する組織となっていく。

国連の組織の政治的特徴——人類の共同利用機関に埋め込まれた対抗関係

　現在世界には、196 の国家が存在する。そのうち 193 か国が国連に加盟する。国連はまさに世界最大の国際組織である。その組織は、総会、安全保障理事会、経済社会理事会、信託統治理事会、国際司法裁判所、そして国連事務総長率いる事務局から構成される。これに加えて、専門機関（現在 15 存在する）や補助機関、数々の計画や基金、機能委員会、地域委員会、特別法廷が、全体として国連システムを構成し、いくつものプロジェクトを世界各地で実施している。こうした世界最大の国際組織が先に挙げた人類の基本となる規範を世界に向けて指し示し、人類の目標を掲げ、世界中の加盟国を方向づけようと試みてきた。2000 年にはミレニアム開発目標（MDGs）が採択され、貧困撲滅、初等教育、女性の地位、幼児死亡率、妊婦の健康、HIV／エイズ、地球環境、開発という八つの人類的政策が立案された。それは2015 年に合意された持続可能な開発目標（SDGs）に引き継がれた。

国連安全保障理事会常任理事国（P5）の存在

　国連のメンバーになるには、平和を愛好し、国連憲章を遵守することが求められる。しかしこれは、リベラル・デモクラシーの国であることを要請するものではない。独裁国家であってもかまわない。国連のメンバーは国内政治体制を問われることなく、すべてが公平に扱われる。小国と大国は同権を保障され、国連内のさまざまな地位も世界各地に公平に配分される。ただし、例外がある。そしてその例外が、国連を動かす。国連で唯一、加盟国に強制力を行使できる国連安全保障理事会である。そこでは、アメリカ・イギリス・フランス・ロシア・中国の 5 か国に、常任理事国の地位が付与されている（この 5 か国は P5 と呼ばれる）。安全保障に関わる国連最重要の案件

――平和を損ない人道を踏みにじる国家に経済制裁を加え、世界各地で平和維持活動を担い、時には武力行使にまで踏み込むという重たい決定（国連憲章第7章）――は、国連安全保障理事会の決議によるが、それにはP5すべての賛成が必要になる。つまり、P5にだけ、拒否権が認められる。これは国連がP5に対して武力行使することが制度上ありえないことを意味している。P5が人権と人道を蹂躙する事態は、想定されていない。そしてそれはもちろん、ありえないことではない。事態はむしろ、逆である。2024年2月の常任理事国ロシアによるウクライナ侵略が、まさにその事例となった。

デモクラシーよりガバナンス

　国連は権限関係の明確な単一の組織として構成されているわけではない。特定のミッションを託されたいくつもの機関の、いわば寄せ木細工のような形態をとる。どこまでも加盟国の政府代表が集う機関の集合体が、国連である。加盟国の主権が国連の決定に一方的かつ全面的に服するという事態は基本的には想定されていない。人類の希望が委ねられた国連は、非国家主体（国際NGOなど）の役割の重要性も否定できないものの、その本質は、国家を基本単位とする政府間の組織である。国連は主権国民国家システムを支えている。ただしすでにふれたように、そのメンバー国家の政体のあり方は――人権と人道と武力不行使の規範を遵守する限り――問われることはない。国連が加盟国のデモクラシーを促進するなどということは、いっさい想定されていない。国連が問うのは各国のデモクラシーではなく、むしろプロジェクト遂行におけるガバナンス――公共問題解決能力――の向上である。その限りで参加と公開と説明責任が問題にされるのだが、それは決してデモクラシーの直接の普及を目指すものではない。

小規模予算

　国連の予算は加盟国の拠出金によってまかなわれる。決して平等ではなく、大国による拠出が群を抜く。全予算の4分の1を引き受けるアメリカを筆頭に、上位6か国が全体の60%を支える構図だ。大国の同意なしに国連は動けない。しかもその予算、驚くほど小規模である。通常予算約34億ドルに、

平和維持活動予算約64億ドルをあわせたおよそ97億ドル程度が、国連の年間予算となる（2023年）。日本円にして1兆数千億円、新潟県の予算とかわらない。大国が予算増に動く気配もない。G77と呼ばれる途上国グループが大国の拠出抑制に抵抗する場面が、これまでに幾度となく繰り返されてきた。人類的価値規範がごく少額のプロジェクトによって追求される。これが国連のリアルな姿である。大国の軍事予算と比較すれば、栗粒ほどの存在にもなりえない。国連がどう動くかではなく、加盟国をどう動かすかが、国連の主眼となる。

世界の議会、人類のエージェント、第三の国連

国連の機関は本質的に異なる二つの原理によって構成される。少数の圧倒的なパワー（大国）に特権的な地位が与えられる一方で、すべての国家の同権に基づく協働が前提とされる。国連総会では、全国連加盟国が平等に一票を分かちあう。まさに人類の価値規範を決する世界の議会のような存在だ（ただし、国連加盟国を拘束する国際法を立法する機関ではない）。世界のトップ外交官ともいわれる国連事務総長は、いわば人類のエージェントであり、国連事務局は人類的価値規範のアドボカシー（代弁）を使命とする。国連の名のもとに進められるさまざまな——専門機関や計画、基金による——プロジェクトは、経済社会理事会で調整される。その理事国には54の国連加盟国が地理的配分により任期3年で割り振られ、意思決定は単純多数決で行われる。上述の安全保障理事会の場合とは完全におもむきが異なり、経済社会プロジェクトを進める多数の非政府組織（NGO）が引き寄せられる。国家以外の行為主体が政府間組織による国連システムに大々的に参入しているのである。こうした非政府組織と国連機関が構成する政策立案およびプロジェクト実行のためのシステムは、第三の国連（the Third UN）とも呼ばれる。大国が支配する国連安保理の国連とはまったく異なる存在だ。国連のもう一つの顔がここにある。

国際法規範の発展

国連は国際法を発展させる場でもある。国連が主催する会議を通じて数々

の国際条約が締結され、その未決事項や細部の詰め、施行規則の改定のため毎年締約国会議（COP）が開催され―― 2015年にパリで開催された第21回国連気候変動枠組条約締約国会議（パリCOP21）などがその代表例――さまざまな分野の国際法が整備され、国家実行を制約し、方向づけている。また国際司法裁判所（ICJ）が国際法の番人となって、その判例を通じて人類の法規範が紡がれる（ただし多くの場合、当事国家が同意しない限り法廷が開かれることはない）。国際裁判所にはこのほかに、国連安保理が設置する特別刑事裁判所（ルワンダ国際刑事裁判所と旧ユーゴスラヴィア国際刑事裁判所）や国連が当該国と共同で設置する特別裁判所（シエラレオネ、カンボジア、レバノンに設置）がある。国際刑事裁判所（ICC）が2002年に発足しているが、それは国連海洋裁判所（ITLOS）と同様、国連の機関ではなく、国連関連機関の位置づけとなる。ただ広義の国連システムを構成し、国連本体とともに国際法規範の創出と解釈と適用を進めていることにかわりはない。国連はまさに国際法のために国際法とともに、存在している。

課題

1. 国連平和維持活動の事例を調べてその効果や意義、問題点について考えてみよう。
2. 国際平和を維持し紛争を解決するために現在の国連を制度的に手直ししていくとしたら、総会と安全保障理事会をそれぞれどのように改革すべきだろうか。その理由はなんであろうか。

読書案内

田仁揆『国連を読む――私の政務官ノートから』（ジャパンタイムズ、2015年）
国連で実際に仕事をした著者の、その経験が活き活きとリアルに描かれている。国連の活動について具体的にイメージしていくうえで格好の一冊。

M. マゾワー『国連と帝国――世界秩序をめぐる攻防の20世紀』（池田年穂訳、慶應義塾大学出版会、2015年）
国連の建設という正義の遂行に大英帝国の力の回復という影がさす。戦後国際政治の様相を著名な政治家に光を当てながら活写した珠玉の一冊。

M. マゾワー『国際協調の先駆者たち──理想と現実の 200 年』（依田卓巳訳、NTT 出版、2015 年）

国際政治の歴史を描き出し、事実に語らしめることでその本質を抉り取る。国際政治の研究を志すものにとってまさに必読の名著。

（臼井陽一郎）

11月　第2週　多様なアクター

国際関係におけるさまざまなアクター（主体）

　国際関係とは、いうまでもなく国家と国家との関係であるが、国家そのものが対外行動をとり、他の国家との関係を取り結んでいるわけではない。現実には、国家の領域内に存在する種々の具体的なアクター（主体）が対外行動をとることにより、国際関係を形成しているのである。

　19世紀までは、対外行動をとる主体は各国の政府にほぼ限定されていた。たしかに、オランダやイギリスにおける東インド会社のような国際貿易会社は存在しており、またフェルディナンド・マゼランなどの探検家やキリスト教カトリックの宣教師など、海外との活動に従事する企業や個人は存在していた。しかしながら、これら企業や個人による対外行動は基本的に、政府が国家の威信をかけて支援しているものであり、政府による対外行動とほぼ一体化していた。したがって、国際関係イコール政府間関係ととらえることが可能であり、政府が自国の安全保障を達成するために、国家の名で遂行する対外行動としての外交や戦争が国際関係を代表する事象であったのである。

　もちろん、現在においても政府間関係は国際関係において重要な一角を占めており、また安全保障問題に対する関心が一般的に高いのは、最近のロシア・ウクライナ戦争の例からも明らかであろう。さらに、わたしたちがたとえば、「日韓関係が良い（悪い）」と言う場合には、日本と大韓民国との政府間関係が良い（悪い）ことについて話している、と一般的に了解されている。国際関係における安全保障問題の重要性や、国際関係を政府間関係としてとらえる傾向などからして、政府という主体が国際関係で占めている重要性は現代においても依然として大きいものがある。

　他方で、19世紀後半以降においては、テクノロジー（とりわけ生産、交通、通信など）の発達にともない、非政府主体（非国家主体ともいう）が独自に対外行動に参入するようになってきた。非政府主体は企業、非政府組織、民族、宗教集団、テロ集団、そして個人から構成されており、政府と非政府主体との関係や非政府主体同士の関係が、政府間関係と並んで国際関係にお

いて目につくようになってきたのである。

　このように、多様な主体が国際関係に参入し、国際関係が緊密化するようになった結果、安全保障問題以外の国際貿易や国際金融、国際移動にともなう諸問題（一般的には国際政治経済問題といわれている）も国家間でみられるようになってきた。そこで、各国の政府は利害の調整を行い、問題の解決を図るために、国際政府組織（国際機関ともいう）を設立することになったのである。世界で最古の国際政府組織といわれているのは、1865年に創設された万国電信連合（1932年に現在の国際電気通信連合と改称）であり、特定の分野に関する政府間の協力促進を目的とする国際政府組織が、以後次々に設立されるにいたった。また、第一次世界大戦の惨禍により、政府間の関係を総合的に調整して国際平和を達成するために、人類史上はじめての普遍的な国際政府組織として、国際連盟が1920年に設立されたのである。さらには、各国の非政府組織を統括し、その活動を調整するような国際非政府組織も設立されるようになり、19世紀後半は国際関係における主体の多様化といった意味で重要な時期となった。

　以上のことから、現在の国際関係は大まかにとらえるならば、政府のみならず、非政府主体や国際政府組織、国際非政府組織によって構成されているといえる。以下においては、主体の多様性の観点から、非政府主体、国際政府組織、そして国際非政府組織が国際関係においてどのように行動しているのか説明する。

非政府主体の活動

　非政府主体のなかで、企業の活動は国際関係にどのような影響を与えているのであろうか。さまざまな形態の企業が存在するなかでとりわけ重要なのが、複数の国家に支社や子会社を有する形で事業を展開している多国籍企業である。多国籍企業の多くは先進国に本社をもち、グローバルな活動を展開する過程で合併や買収を繰り返し、企業規模を拡大してきた。その結果、ウォルマート（世界最大のスーパーマーケットチェーン）や、グーグル並びにアマゾンなどの巨大IT企業の収入は、小規模国家の国民総生産（GDP）をはるかに上回るのみならず、多くの中規模国家のGDPに匹敵するものとな

っている。多国籍企業がその巨大な規模ゆえに、各国の経済動向（景気や失業率など）に多大な影響を与えることから、政府は多国籍企業との関係に注意を払う必要が生じているのである。さらに、利潤の極大化志向をもつ多国籍企業は、税・環境・労働といったコストの低い国家に活動をシフトする傾向があることから、政府は多国籍企業に有利な国内環境を提供し、良好な関係を築くことが、経済運営上望ましいのである。

　非政府組織は NGO という略称が日本でも定着しており、ここでは国際非政府組織（INGO）とは別個のカテゴリーとして、ある特定の 1 か国を拠点とする組織を対象とする。ただし、ある特定の 1 か国を拠点とする組織のなかには、日本赤十字社や日本オリンピック委員会のように、赤十字国際委員会や国際オリンピック委員会といった INGO の一部として活動している組織も存在する。非政府組織は、政府や国際政府組織に対して、行動すべき国際問題があることを知らせて対処を要求するとともに、自ら問題解決に取り組む場合もある。日本国際ボランティアセンター（JVC）はこれまでに、世界各地で難民救済、地域開発、人材育成などの事業に携わってきたほか、日本政府に対する政策提言も行っている。

　テロ集団に関しては、とりわけ「イスラーム国」による国際的な活動が記憶に新しいであろう。イラクやシリアを拠点としてきた「イスラーム国」は、世界各地でテロ活動を引き起こしたのみならず、人質をとる作戦にも出たことから、関係国の政府はこのテロ組織と向き合い、場合によっては接触しなければならなくなった。また、「イスラーム国」への対処方法をめぐって政府間で外交が展開されたほか、欧米諸国やロシアなどは軍事力を用いた掃討作戦を行った。このように、「イスラーム国」は一部の政府と交渉をもったほか、国際関係にも大きな影響を与えたのである。

　以上、非政府主体に関しては最近の動向に鑑みて、企業（特に多国籍企業）、非政府組織、テロ集団に焦点を当てて説明してきた。しかしながら、民族（クルド人など）や宗教集団（ターリバーンなど）、個人（カルロス・ゴーン元日産自動車会長など）も、ここに挙げた固有名詞で検索してみれば、国際関係にさまざまな影響を与えていることがわかるであろう。

国際政府組織の活動

　国際政府組織は大まかには世界的機構と地域的機構に二分され、前者の代表例が国際連合（国連）であり、後者の代表例が欧州連合となる。国際連合と欧州連合は世界全体と欧州地域という活動舞台の違いはあるものの、ともに安全保障問題や国際政治経済問題に関心を寄せ、それら諸問題の解決を目指している組織である。

　それでは、国際政府組織の活動はどのようなしくみで決められ、実行されるのであろうか。国際連合と欧州連合に限らず、国際政府組織においては、加盟国の政府関係者による交渉、すなわち外交によって組織としての活動方針・内容が決定される。その後、組織として実際に決定事項を実行するに際しては、加盟国の政府関係者のみならず、当該国際政府組織の職員（国際公務員という）やさまざまな非政府主体（特に NGO）、さらには INGO など、多様な主体が関わることが多くなっている。ゆえに、国際政府組織は各国の外交が展開される場（フォーラム）であると同時に、組織自らとして活動するのである。

　このような国際政府組織の活動は、各国の政府の対内・対外政策に加えて、国際関係にも影響を与える。なぜならば、国際政府組織は決定事項を実行するに際して関係する主体と調整し、その過程で国際関係を大なり小なり変化させるからである。特に、国際政府組織の決定事項を関係国の政府に履行させる際に、その履行を確保するために経済制裁などの強力な圧力の行使を当該組織が加盟国の政府に要請するならば、その行使の是非をめぐる各国の政府の見解の相違から、国際関係はさまざまな動きをみせるであろう。国際政府組織は政府や NGO、INGO といった多様な主体との関係をもちながら、自らの決定事項を実行に移し、国際関係を動かしているのである。

国際非政府組織の活動

　INGO は、赤十字国際委員会や国際オリンピック委員会などのケースにみられるように、日本赤十字社や日本オリンピック委員会といったような、ある特定の 1 か国を拠点とする NGO を構成組織として抱えていることが多い。最近では、2021 年に開催された東京オリンピックにおいて、開催をめぐり

国際オリンピック委員会と日本オリンピック委員会、さらには日本政府との
さまざまな関係が報じられたことを記憶している人もいるであろう。国際非
政府組織の代表例としてはほかに、1997 年にノーベル平和賞を受賞し、そ
の後に対人地雷禁止条約（オタワ条約ともいう、1999 年発効）採択に多大
な貢献を行った地雷禁止国際キャンペーン（ICBL）が存在している。また、
人権擁護活動に取り組んでいるアムネスティ・インターナショナル、僻地や
紛争地域で医療支援を行っている国境なき医師団（MSF）があり、いずれも
日本に構成組織を有している。各組織ともに日本語のホームページを有して
いるので、興味ある人はみてもよいであろう。

　なお、INGO および NGO ともに、国連の経済社会理事会（ECOSOC）と
協議する資格をもつ組織が存在し、その数は 2016 年 9 月現在で約 4700 であ
る。このことは、今日の世界が抱えているグローバルな諸問題（平和、人権、
貧困、教育、環境など）を解決するに際して、各国の政府や国連が取り組む
だけでは不十分であるとの認識が国際的に共有されていることを意味する。
すなわち、INGO や NGO が保持している専門性や迅速性、中立性といった
要素が、これら諸問題の解決に資すると期待されているのである。日本に拠
点をもつ NGO のなかにも、ECOSOC との協議資格を有する NGO は複数存
在しており、アムダ（AMDA）、オイスカ、ピースボードなどがこれに該当
し、国際関係にさまざまな影響を与えている。

課題

1. 政府という主体が国際関係で占めている重要性は依然として大きい、それ
　とも小さいと考えるだろうか。その理由を考え、自分の意見をまとめてみよ
　う。
2. 非政府主体のなかで、企業や非政府組織は国際関係にどのような影響を与
　えているのであろうか。興味をもっている企業や非政府組織を取り上げ、そ
　の活動を調べてみよう。

読書案内

衛藤瀋吉・渡辺昭夫・公文俊平・平野健一郎『国際関係論（第2版）』（東京大学
出版会、1989 年）

第 2 章において、国際関係において多様な主体が行動するようになってきたことを、歴史的背景を含めて詳しく解説している。

来栖薫子「脱国家的主体」（村田晃嗣・君塚直隆・石川卓・来栖薫子・秋山信将『国際政治学をつかむ（新版）』有斐閣、2015 年）
グローバル化の時代において、国家（政府）以外の主体が国際関係において重要性を帯びている実態を、豊富な実例とともに説明している。

（小副川琢）

11月　第3週　地域統合とはなにか

　近隣諸国と協力関係を深めていこうとする国家の対外方針をリージョナリズム（地域主義）という。この協力関係が進展して地域共同体づくりに発展すると、その過程は地域統合と呼ばれる。欧州連合（EU）がその最たる例で、統合の進展に差はあるものの、東南アジア諸国連合（ASEAN）やアフリカ連合（AU）、南米南部共同市場（メルコスル）、アラブ湾岸諸国協力会議（GCC）、上海協力機構（SCO）などを事例に挙げることができる（下記表参照）。

経済統合段階論

　まずはベラ・バラッサの経済統合論をおさえておく必要がある。この段階論によると、地域統合は自由貿易地域（域内関税の撤廃）、関税同盟（対外共通関税の設定）、共同市場（ヒト・モノ・カネの域内自由移動）、経済同盟（金融政策と財政政策の協調）、完全な経済同盟（通貨統合）へと発展する。EUは現在、その半数以上の加盟国が通貨統合を実現している。それに対して他の地域共同体組織の多くは、自由貿易地域の段階にとどまる（メルコスルは2023年現在、通貨統合について議論を始めている）。

　しかしこの段階論は完全ではない。現在の自由貿易協定は関税だけを問題にするわけではない。さまざまな非関税障壁に調整が及ぶ。環境政策や社会労働政策のすりあわせも交渉対象となる。これに投資協定が加わる。特産品の地理的表示も視野に入る。投資家を保護するしくみが導入され、広範な領

表　世界の地域主義組織、その代表的事例（加盟国数は2023年9月現在）

EU	欧州連合　27か国　ドイツ、フランス、イタリアなど
ASEAN	東南アジア諸国連合　10か国　インドネシア、マレーシアなど
AU	アフリカ連合　55か国　アフリカ大陸各国を包摂
SCO	上海協力機構　9か国　中国、ロシア、インド、イランなど
GCC	湾岸協力会議　6か国　サウジ、UAEなど
MERCOSUR	南米南部共同市場　6か国　ブラジル、アルゼンチンなど
CAN	アンデス共同体　4か国　コロンビア、ペルーなど

域で各国の規制のあり方が変えられていく。自由貿易地域にとどまっている
からといって地域統合の低い段階にあるとシンプルに断ずることはできない。

　また段階が上方に移行すれば必ず各国の経済的一体性が高まる、というわ
けでもない。段階が低い場合でも一体性が高まることは十分にありえる。実
際、東アジア諸国では自由貿易協定の締結が進んでいなかったにもかかわら
ず、域内貿易比率が世界の他地域と比べ格段に大きくなっていた。EU の
60％超には及ばないものの、2000 年に入った段階ですでに 40％を越す高さ
をみせていた。東アジアの文化交流も見逃せない。政治の意志によるプロジ
ェクトが存在しないにもかかわらず、リージョン（広域地域）の経済的一体
性や民間交流が高まる現象は、一般に地域化（regionalization）と呼ばれる。
近隣諸国の政治リーダーの合意による政治意志の表明がなくとも——つまり
リージョナリズムが進んでいなくても——自然発生的に緊密化が生じる場合
がありえるのである。

システム統合と社会統合

　こうした地域化の進展は、システム統合の深化に帰結する。システム統合
とは、さまざまな分野の国境を越えた匿名の関係の集積により、リージョン
内の相互依存が高まっていく過程をいう。これが進むと、ある国家で発生し
た問題がリージョン内のすべての国家に波及しやすくなる。どこかの国の金
融システムが不安定化すれば、即座に域内に波及する。貿易や投資の増大に
ともない人の移動が活発化すれば、伝染病や組織犯罪も広範囲に拡散する。

　システム統合の進展に社会統合がともなわない場合、問題は深刻さを増す。
社会統合とは、アイデンティティの共有を感じあえる関係が密度を増して同
胞意識が生まれ、一体性感覚が高度化していく過程をいう。その典型例が国
民統合である。仮にシステム統合の深化が社会統合の進展と軌を一にするの
であれば、リージョン域内の協力関係は発展しやすい。たとえ連邦国家に帰
結するほどの国民統合が生まれるのではないとしても、社会統合が一定の進
展をみせて地域一体性感覚が高まるのであれば、リージョン内の共同行動が
進み始める。その点からすると、EU のこれまでの歩みは、システム統合と
社会統合の間に離齬が生じてしまった過程でもあるということができる。

EUではヨーロッパ・レベルのシステム統合がかえってヨーロッパ・レベルの社会統合を妨げてしまうという事態が生じているのである。社会統合を達成した国民国家は、どうしても同胞国民の安全と利益を優先してしまう。

このようにシステム統合が進展しても社会統合がともなわないとき、リージョナル・ガバナンスの形成が要請されてくる。リージョナル・ガバナンスとは、特定リージョン内に国家的な政府組織が存在しなくても、越境公共問題を解決するメカニズムが成立している場合をいう。冷戦構造崩壊後に進展した世界各地のリージョナリズムは、共通の政府組織をリージョン内に設立しなくても、共有価値規範に裏付けられ共通利益が志向される場合もありえることを示している。EU型の高度な制度化だけが、地域共同体の形ではない。多くの場合、貿易・投資を拡大するためのルールづくりが第一に志向される。他国を犠牲に自国を有利にしようとする各国の性向を矯正し、リージョン内に自由で透明な貿易・投資ルールを構築しようという狙いである。これに関連して、自然環境や労働者、消費者の保護に関するルールの調整も要請される。こうした市場の外部性——市場での自由な競争では解決できない問題の発生——に対処するために、経済を秩序づける規制がつくられる。

けれども、そうした規制の調整は各国の規制政策の修正を意味する。規制政策の調整は各国それぞれの国内既得権益に甚大な影響を与える。国内政治にとって大きな問題となる。このような調整は地域統合のプロセスのなかで、どのように進展していくのだろうか。

新機能主義と政府間主義

これについて考えていくには、共通政策や共同行動の進展——および後退と停滞——のメカニズムを検討してみる必要がある。この研究に取り組んできたのが地域統合の国際政治理論であった。ここでは長きにわたり対抗しあってきた二つ——すでに古典的とさえいいうる——理論枠組みをおさえておきたい。

一つは新機能主義と呼ばれる。それは二つの仮説を基本としている。特定政策領域の統合深化は他の政策領域の統合に波及するというのが一つ。これをスピルオーバー効果（累積的波及効果）という。もう一つは統合業務を進

めるなかで各国の政治エリートや利益団体のアイデンティティが変化して、ロイヤルティ（忠誠）の対象が自国政府から地域共同体へ移行するという仮説である。

　こうした新機能主義に真っ向から反論するのが政府間主義と名づけられた仮説である。スピルオーバー効果が発生するのは、各国の政治的重要度が低く、主権の移譲に大きな国内政治対立が発生しない政策領域に限られる。つまりロー・ポリティクスにおける統合はハイ・ポリティクスには波及しないとみるのである。また政治エリートや利益団体のアイデンティティ・チェンジも限定的だととらえる。地域共同体はどこまでも加盟国の主権をグローバル社会のなかで守るために設置されたのであり、主権が制約されるようになったとき、各国はもはや地域共同体を維持しようとはしないと想定する。

　こうした二つの理論枠組みの対抗関係のなかで、ヨーロッパ統合を中心に地域統合の国際政治研究が進められてきた。現在洗練された理論枠組みがいくつも提示されているが、その多くが新機能主義と政府間主義の対抗関係のバリエーションである。まずこの二つを学習しておくことが肝要である。そのうえでたとえば次のようなバリエーションに目配りしてみてほしい。まず、政府間主義の前提に立ちながらも、一定の条件——域内大国（EUなら独仏）の国益が一致し、その利益実現のために共同体レベルの制度を使おうとする政治勢力が現れ、共同体レベル・加盟国レベルの制度が交差するようになるという条件——が成立すると、統合が進展するととらえるリベラル政府間主義がある。また新機能主義をいっそう強固に基礎づけるコンストラクティヴィズムもある。政策領域のスピルオーバーが基本的な価値規範の共有をともなうとき、政治エリートの社会的相互学習を通じてアイデンティティに変化が生じやすいととらえるのである。

　他方で、新機能主義と政府間主義の対抗関係から距離をとり、新たな基本的仮説でもって理論枠組みを構築する動きもある。一例としてマルチレベル・ガバナンス論を挙げられる。それは中央政府の動きだけをみて国家主権の放棄・維持を論じる二分法に異議をとなえ、地方政府や社会団体の越境行動にも統合促進作用をみて、そこに注目しようとする。またAP理論もある。これは地域共同体組織の機関を代理人（エージェント）、加盟国を依頼人

（プリンシパル）とみて、依頼人が代理人をコントロールしきれなくなり、代理人が依頼人の行動を方向づけるようになっていく場合の条件を——たとえば代理人が依頼人よりも多くの正確な情報を保持する（情報の非対称性）という点に——探ろうとする理論枠組みである。

課題

> 1．世界各地の地域統合組織の事例を調べて、設立年や大きな制度改正の年を書き込み、年表をつくってみよう。
> 2．地域統合の進展・後退・停滞の要因を挙げられるだけ挙げたうえで、政治家個人の行動に関連するものと、国際政治の環境によるものとに分けて、どのような場合にどちらがより強い要因となるか、考えてみよう。

読書案内

P. J. カッツェンスタイン『世界政治と地域主義——世界の上のアメリカ、ヨーロッパの中のドイツ、アジアの横の日本』（光辻克馬・山影進訳、書籍工房早山、2012 年）
比較地域主義研究の最高水準の一冊だ。ドイツと日本それぞれのアメリカとの関係がヨーロッパと東アジアにいかなる地域主義の形を出現させたのか。鋭利な理論で説得力あふれる説明が提示されている。

中村民雄・須網隆夫・臼井陽一郎・佐藤義明『東アジア共同体憲章案——実現可能な未来をひらく論議のために』（昭和堂、2008 年）
ASEAN、ASEAN＋3、東アジア首脳会議など既存の国際フォーラムの採択文書や各国憲法を比較し、共通法規範の発見を模索した共同研究の成果。

L. フォーセット＆A・ハレル『地域主義と国際秩序』（菅英輝・栗栖薫子監訳、九州大学出版会、1999 年）
いまだ色あせることなき地域主義政治研究の研究書。基本の理論枠組みをおさえ、実証分析を実際に進めていくうえで、まずは手にとっておきたい一冊。

（臼井陽一郎）

前景化する伝統的安全保障——ロシアによるウクライナ侵攻の意味

　2022年2月、ロシアがウクライナに侵攻した。ある国が別の国に対して軍事力の行使を主な手段として深刻な脅威を与えることは、伝統的な安全保障の問題ととらえられる。国際政治においては長らく、特に冷戦期の超大国である米ソの対立に起因する伝統的安全保障の問題は実務的にも学問的にも中心的な関心事項であった。同時に、冷戦が終わって以降、国家対国家による全面的な戦争が起こる可能性は大きく減ったと考えられてきた。その背景には、超大国の対立の解消という側面とともに、国際社会が第二次世界大戦以降、国と国が争う戦争の発生を防ぐためのさまざまな組織や制度、規範を作り出し、実践してきたという側面もある。そのため、伝統的安全保障の問題は国際政治の中心的課題でありつつも、近年は非伝統的な安全保障の問題に焦点が当たることも多かった。しかしながら、ロシアによるウクライナ侵攻は、国家間の戦争が現在の世界においても現実のものであるという事実を国際社会に突きつけた。今後しばらくのあいだ、国際社会は第二次世界大戦以降築き上げてきた伝統的な安全保障に関係する国際的な組織や制度、規範の見直しと再検討を迫られることになる。

変化を迫られる集団安全保障体制——NATO

　そのような変化に直面する組織の代表例がNATO（北大西洋条約機構）である。NATOは、ある加盟国が攻撃された場合に、他の加盟国が集団でその脅威を取り除く行動をとる多国間の安全保障機構である。NATOは当初、ソ連を中心とする共産圏に対抗するため、主に西側の欧州諸国の防衛を担う組織として発足した。しかし、ソ連が崩壊して冷戦が終結すると、NATOはその役割の重心を周辺地域の紛争予防や危機管理に移した。同時に、ソ連圏に属していた東欧各国がNATO加盟を相次いで希望した結果、NATOは東方にその勢力を拡大していくこととなった。このNATOの東方拡大をロシアは脅威ととらえ、NATOに接近していたウクライナへの侵攻

を決断したと指摘されている。

　ロシアの侵攻は、NATO の役割に新たな側面を加えた。ロシアによるウクライナ侵攻を NATO への脅威となりうると判断した NATO 諸国は、NATO 加盟国ではないウクライナに対して大規模な軍事的支援を展開した。また、東欧地域において NATO の軍事的プレゼンスを強化していくことも確認した。さらに、ロシアとの関係を理由にこれまで NATO と距離をおいてきたスウェーデンとフィンランドが NATO 加盟に舵を切った。ヨーロッパの多くの国は、ロシアの脅威を現実的なものと受け止め、NATO という軍事同盟を再編することで伝統的な安全保障の体制を再構築しようとしている。

進展と後退が交錯する核軍縮

　伝統的な安全保障の課題のなかで進展と停滞が交錯する課題が近年の核軍縮である。核兵器は、いったん使用されると国家の存亡を左右するため、伝統的な安全保障のなかでも特に重要な課題として扱われてきた。その核軍縮の取り組みの中心は、アメリカとロシアの二国間による核兵器の削減であった。アメリカとロシア（冷戦時代はソビエト連邦）は、冷戦期に大きく増えた核兵器を減らすために、戦略核兵器削減条約（START）と呼ばれる二国間の条約をつくり実行してきた。その結果、世界にある核兵器の数は、1986年のピークから近年はその約 5 分の 1 にまで減少してきた。しかし、ロシアによるウクライナ侵攻によって米ロの対立が深刻になると、ロシアは当時機能していた条約の履行を停止し、二国間の核軍縮の取り組みは停滞を始めた。

　核軍縮の取り組みには、米ロ二国間のものだけではなく多国間の取り組みもある。そのなかで最も重要な取り組みが、191 か国が参加する核不拡散条約（NPT）である。NPT では、条約に参加する国は誠実に核軍縮交渉を行う義務を負っている。NPT 下では、5 年に 1 度再検討会議と呼ばれる大規模な会議が開かれ、核軍縮に向けた議論が行われている。しかし、2022 年に開かれた再検討会議では、ロシアの反対により成果文書案に合意できず、2015 年に続き連続して成果文書が採択されなかった。ロシアによるウクライナ侵攻を背景に、核兵器の軍縮の停滞が深刻になっている。

核保有国による核軍縮の取り組みが停滞するなかで、非核保有国による核軍縮の要請は強まっている。その最たるものが、核兵器を包括的に禁止する核兵器禁止条約の成立である。核兵器禁止条約は、東南アジアやアフリカ、南米などの非核保有国の要請を背景に、2017年の国連総会で採択された。一方で、核保有国やその核の傘の下にいるNATO諸国、日本や韓国などは、この条約を議論する会議に参加しなかった。その後、2021年、条約の発効に必要な定数に批准国の数が達したため、同年条約は発効した。核兵器という伝統的な安全保障の中心的な課題である問題をめぐって、保有国と非保有国の間の溝は広まりつつある。

グローバル化する内戦

　国家間の争いに焦点を当てる伝統的な安全保障の問題とは一線を画しつつも、密接に関連する問題として内戦がある。内戦とは、一国の領域内において、国家と非国家主体の間で生じる武力紛争、あるいは非国家主体間による武力紛争を指す。国内で武力紛争が発生すると社会は不安定化する。さらに、難民の発生などにより周辺国の安全もまた影響を受ける。内戦は一国内で起こる武力紛争であるが、影響が広範にわたることから国際社会が一致して取り組むべき課題として認識されている。

　内戦は、第二次大戦以降、主に中東やアフリカなどの途上国で頻発した。内戦の数は1990年代前半にピークを迎え、その後減少に転じたが、2010年代半ばに大幅な増加をみせそのまま高止まりしている。そして、近年の内戦の傾向の一つが長期化である。内戦は以前より長期化し、その解決はより困難になっている。内戦が長期化する背景として、国外の勢力の関与が増えることで内戦が複雑化していることが指摘されている。

　たとえば、近年各国の内戦で新たに登場したアクターがロシアの「影の軍隊」といわれる民間軍事会社ワグネルである。2011年にシリアで始まった内戦では、ロシアが支持する政権をワグネルは軍事的に支援してきた。さらに中東だけでなく、フランスなど旧宗主国への反発が強まるアフリカにもワグネルは進出している。これらの地域で、ワグネルは紛争に介入し、経済的な権益を握ることで、ロシアに経済的な利益をもたらしているとされる。近

年の内戦は、グローバルな構造のもと多様なアクターが関与する傾向にある。グローバル化する内戦ともいえる現象が起こっている。

課題

1. NATO のような集団安全保障の枠組みが世界にはどれくらいあるか調べてみよう。また、それぞれの枠組みの目的や制度、構成国がどのように異なるのかも調べてみよう。
2. 核兵器禁止条約への参加に積極的な国と消極的な国の主張を比べてみよう。また、日本として核兵器禁止条約にどのような立場をとっていくことが望ましいか考えてみよう。
3. 世界で起こっている代表的な内戦について調べてみよう。内戦の原因や経過、現在の状況を調べて、それが国際政治とどのように関連しているか考えてみよう。

読書案内

ジョセフ・S・ナイ・ジュニア&デイヴィッド・A・ウェルチ『国際紛争——理論と歴史［原書第 10 版］』（田中明彦・村田晃嗣訳、有斐閣、2017 年）
代表的な国際政治学者であるジョセフ・ナイらによって書かれた安全保障と国際紛争の入門書。17 世紀から現代までを概観しながら国際紛争の原因を理論と歴史から説明する。

衛藤瀋吉、渡辺昭夫、公文俊平、平野健一郎『国際関係論』（東京大学出版会、1989 年）
国際関係論の教科書。国際政治だけではなく、国際法や文化など学際的な観点から書かれている。安全保障に特化した内容ではないが、国際社会を巨視的に把握する力を養うことができる内容である。

（林 明仁）

12月　わが家の難民問題？

正哉：中原さん、大丈夫かい？

　ゼミでの発表のために中原拓と待ち合わせしていた平尾正哉は、待ち合わせ場所のカフェテリアで、首をうなだれて座っている拓の困憊した様子を見て、思わず声をかけた。

拓：いや、ちょっと寝不足で疲れてるだけだよ。
正哉：寝不足？　なにか急なレポートでも出たのかい？
拓：いや、原因は従弟だよ。

　実は 1 週間前から、従弟の中原丈彦が、拓のアパートに身を寄せていた。丈彦は都内に住む高校 3 年生で、御幸学院大への推薦入学が決定していた。ところがつい先日、不幸にも隣家で火災が発生した。丈彦の実家は多少の損害は受けたものの、家族は全員無事で怪我などもなかった。延焼部分の修理も火災保険でカバーされ、経済的な負担もさほど問題にはならなそうだった。ただ、修理のため、家族はしばし仮住居に移らなければならなくなった。
　事情を聞いた拓は、丈彦が春から御幸学院生になること、また丈彦の高校が拓のアパートからそう遠くないこともあり、よければ丈彦を自分のアパートでしばらく預かることを、丈彦の両親に申し出た。もともと拓とは折々に懇意にしていた丈彦もこの申し出を喜び、仮住居が見つかるまで少しのあいだ、拓の世話になることになったのである。ところが……

拓：ふたりの生活習慣がけっこう違ってね……

　初日こそ、丈彦の両親がもたせた菓子をつまみながら、御幸学院大の話題

に花の咲いたふたりであったが、翌日から両者は生活上の微妙なずれを感じ始めた。

丈彦：拓さん、朝は和食派なんですね。

拓の用意した朝食のご飯とみそ汁を見て、丈彦が言った。どうやら、丈彦はトーストとコーヒーの洋食派らしい。それ以上は特になにも言わなかった丈彦だったが、翌日、近所のコンビニであるものを買ってきた。

丈彦：せっかく朝ごはんが和食なので、納豆を買ってきました。

東京育ちの丈彦は、納豆を食べ慣れている。ところが名古屋育ちの拓は納豆が苦手である。朝の食卓、隣で丈彦がかき混ぜる納豆のにおいに、拓は少々閉口した。

（しばらく、このにおいが続くのか……）

また、スポーツ好きの丈彦は、早朝のジョギングを日課としていた。朝まだ暗いうちに起床し、周辺を走り、ひと汗かいてからの朝食、通学。拓は、レポート作成で寝るのが遅くなった翌日など、丈彦が早朝に立てる物音に眠りを妨げられてしまうこともあった。

夜も若干の問題があった。入浴である。丈彦は、毎晩湯船に浸かることを1日の終わりの楽しみとしていた。しかし、ひとり暮らしの拓は、毎日浴槽に湯を貯めることはしない。頭と体を洗い、シャワーですすぐだけですませることのほうが多い。しかし、丈彦にせがまれ、ここのところ連日湯を張っている。従弟のためとは思いながらも、翌月の水道代がやや心配になる拓でもあった。

拓：いままで、お互いの家に泊ったことはあったけれど、本格的な共同生活ははじめてだから、こんなに気を使うとは思わなかったよ。

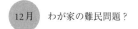

　苦笑いしながら、拓が言った。

　ゼミの次のテーマは「難民」だった。まず予備的な議論を行うので、各自難民についてなんでもよいから調べて来なさいというのが、足利先生の宿題だった。ふたりで集めた資料を繰りながら、拓が言った。

拓：難民問題の本質って、意外にこういうことかもしれないな。

正哉：え？　なんだい？

拓：いや、いまのわが家みたいってことさ。実はね、難民問題って、もっと単純に考えていたんだ。

正哉：どういう風に？

拓：うーん、なんというか、なんらかの理由で困っている人がいるなら、どこの国でも救いの手を差し伸べてあげればそれでいいじゃないかってね。

正哉：そうだね。たしかに同感だよ。

拓：でも、国によって文化や生活習慣は違う。一見たいしたことには思えなくても、それを毎日近くで見ていると、だんだんストレスになってくる場合もあると思うんだ。それにまとまった人数の人たちが入って来れば、いろいろ経済的な問題も起きるんじゃないかな。まさにわが家のケースと同じようにね。

正哉：それは丈彦さんも感じているんじゃないかな。

拓：そうだね。いずれにしても、そう思うと、なんだか難民という問題が、少し身近に感じられるようになった気がするんだ。

正哉：それは議論の良い視点になるかもしれないよ。ゼミには留学生もいることだし、そういう視点からの議論をしていいものかどうか、足利先生に質問してみてはどうかな。

拓：そうだね。足利先生、次の時間は研究室にいらっしゃるはずだ。行ってみよう。

　ふたりは資料を鞄にしまうと、カフェテリアをあとにした。

12月　第1週　非伝統的安全保障とはなにか

　国際政治学や国際関係論といった学問分野においては長らく、安全保障の対象は国家とされてきた。そこで、国家安全保障を維持、あるいは達成するために、政府によってとられる政策手段が研究されたのであり、また自国の安全保障に対する脅威としては基本的に、他国の軍事力が想定されていた。すなわち、このような伝統的安全保障という概念は、軍事力以外は国家安全保障に対して大きな脅威とはならない、というものであった。

　たしかに、国際政治学や国際関係論が学問的に発展した冷戦期において、アメリカとソ連という超大国間の対立は主に軍事力によって規定されており、ゆえに各国の政府は他国の軍事力こそが国家安全保障を脅かすとの認識を強くもっていた。しかしながら、1970年代に入り、超大国間におけるデタント（緊張緩和）が進展し、冷戦構造に緩みが生じると、国家安全保障に対する脅威としての軍事力の比重が低下し、かわりに経済やエネルギー、環境にともなう問題を指摘する声が高まった。

　その後、1990年代に入ると、ソ連の崩壊にともなって冷戦期は終焉を迎えた。アメリカと対等に渡りあうことが可能な超大国が皆無になったことから、反米を掲げる非政府主体（非国家主体ともいう）のなかには、各国の政府による外交にはまったく期待できないと考え、テロリズムに訴える組織も現れた。なお、テロリズムという行為自体は19世紀から存在し、またデタント期の少し前の1960年代後半からは、テロ事件が世界各地で発生していた。だが、ポスト冷戦期におけるテロリズムは、2001年のアメリカにおける同時多発テロ事件に象徴されるように、その規模や影響の大きさから、国家安全保障に対する脅威の度合いを高めたのであり、各国の政府はテロリズムにこれまで以上に対処せざるをえなくなった。また、テロリズムに関心のある大半の組織や個人は多様な対外ネットワークを有していることから、テロリズムは各国の政府に対して、他国の政府とのさらなる協調を要請することにもなった。テロリズムはその国際的な脅威ゆえに、安全保障の対象を国家に限らず、国際社会にも広げることになり、「国際安全保障」という言葉

が広範に聞かれるようになったのである。それと同時に、軍事力や経済・エネルギー・環境問題に関しても、テクノロジーやグローバル化のいっそうの進展にともない、テロリズムと同様に国家安全保障のみならず、国際安全保障に対する脅威としてもみなされる傾向が強まることとなった。

　他方において、冷戦構造の崩壊は「民主主義の勝利」といわれる状況をもたらし、個人の尊重という規範が国際的に幅広い支持を得られるようになった。ゆえに、個人を対象にした安全保障を考える機運が高まり、「人間の安全保障」という言葉が登場したのである。人間の安全保障に対する脅威としては、上述の軍事力や経済・エネルギー・環境問題、テロリズムに加え、政治制度・体制の問題や感染症など多岐にわたっている。なお、感染症に関しては、新型コロナウィルス感染症（COVID-19）の世界大の広がりが、国家安全保障並びに国際安全保障、さらには人間の安全保障にとって大きな脅威となったことは、多くの人が体感しているであろう。

　このように、安全保障の対象が国家だけではなく、国際社会や個人にまで拡大されたなかで、軍事力に加えて、経済・エネルギー・環境問題、テロリズム、政治制度・体制の問題、感染症などが脅威として認識されるようになった。ゆえに、伝統的安全保障という概念には含まれないような諸相がみられるようになったことから、非伝統的安全保障という概念が出現したのである。ただし、非伝統的安全保障という概念に含まれる諸相は、上述のようにかなりの多様性を有している。そこで、近年に世間的な注目を浴びた事例に鑑みて、テロリズム並びに人間の安全保障、感染症について以下で説明することにする。

テロリズム

　テロリズムとは、政治的な目標を達成するために暴力を行使し、もしくは暴力を行使するとの脅しをかけることにより、社会に恐怖を与える行為、と定義できる。テロ事件は1960年代後半から世界各地で発生するようになっており、その多くはパレスチナ解放を目的としていた。そうしたなかで、パレスチナ解放人民戦線（PFLP）に加え、反米の立場からパレスチナ解放に共感していた日本赤軍なども協力して、パレスチナの地に建国されたイスラ

エルやその後ろ盾となっているアメリカ、さらにはアメリカの同盟諸国の政府関連施設や国民などを標的にしたテロ事件を、相次いで引き起こしたのである。PFLPと日本赤軍は、これら諸国の国営航空が運航する国際線の航空機を次々にハイジャックするなど、一連のテロ事件を世界各地で引き起こすことにより、これら諸国の外交方針を転換させ、ひいてはパレスチナ解放を実現させることを目的としていた。この結果、テロリズムは国家安全保障のみならず、国際安全保障に対する脅威としてもみなされるようになり、主要国首脳会議（サミット）の主要議題にもなったのである。

　ポスト冷戦期に入ると、アメリカが支配する単極（一極）の国際構造が出現した結果、同国の政府による対外政策に対して、自制を促す能力を有する国家およびその政府は、地球上に存在しなくなった。すなわち、反米を掲げる非政府主体（反米組織）にとっては、強力な後ろ盾をもつことがもはやできない、という状況が出現したのである。外交による解決に期待することが難しい国際構造のもとで、反米組織にとってテロリズムは重要な手段となり、とりわけイスラーム主義を掲げるアル＝カーイダの活動が、国際的に目立つようになってきたのが1990年代後半であった。

　アル＝カーイダは、ペルシア（アラビア）湾岸地域におけるアメリカ軍の駐留に反発をしており、今世紀に入ってからは2001年9月に、アメリカ国内の4か所で同時多発テロ事件を引き起こし、その壊滅的な規模から世界的な影響を与えた。以後、アル＝カーイダは世界各地で他のイスラーム主義組織と連携したほか、本拠地であるアフガニスタン以外でも現地組織が多数設立され、アメリカ並びに同盟諸国の国民を主な標的としたテロ事件を世界各地で引き起こしたのである。

　最終的には、「イスラーム国」の活動により、テロリズムは国家安全保障のみならず、国際安全保障に対する脅威としても、さらに広範かつ強く認識されるようになった。なぜならば、イラクにおけるアル＝カーイダの現地組織を中心にして、多数のテロ集団による離合集散を経て設立された組織である「イスラーム国」は、2015年前後において、イラクやシリアの広大な支配領域内で残虐な統治を行ったのみならず、フランスやベルギーなどで大規模なテロ事件を実行したからである。ただし、テロ事件は規模の大小にかか

わらず、個人の生命を危険にさらすものであることを忘れてはならない。そこで、人間の安全保障に関して次に検討することにしよう。

人間の安全保障

　人間の安全保障は、国家安全保障や国際安全保障と異なり、個人を対象とする安全保障であり、脅威としては軍事力や経済・エネルギー・環境問題、テロリズム、政治制度・体制の問題、感染症などとなる。ゆえに、このような脅威に対処することにより、個人の安全保障が達成される、との見方であるものの、脅威のとらえ方や脅威に対処する際に用いる手段に関しては、さまざまな考え方が存在しているのが実情である。

　そもそも、人間の安全保障という言葉は、国連開発計画（UNDP）がその年次報告書である『人間開発報告書』の 1994 年版において最初に使用し、カナダ政府や日本政府がその後、人間の安全保障の達成を世界的に重要な課題と位置づけたのである。こうしたなかで、一方においてカナダ政府は、軍事力やその行使の帰結である武力紛争こそが、人間の安全保障にとって脅威になる、とみなした。そのうえで、カナダ政府は、武力紛争に直面している国家の政府が、「保護する責任」（Responsibility to Protect: R2P）を果たすことができず、個人の安全が保障されない場合には、国際社会がその国家の政府にかわって R2P を果たし、場合によっては軍事力をも用いた人道的介入を行う必要がある、と主張したのである。他方において日本政府は、経済・エネルギー・環境問題に焦点を当て、これらの問題に開発援助を通じて対処することにより、人間の安全保障を達成することが望ましい、との立場である。また、日本政府は、国際社会が R2P を果たすことの重要性そのものを否定しているわけではないものの、海外における自衛隊活動に対する制約もあり、とりわけ R2P に基づく軍事介入に対しては、基本的に慎重な姿勢をとってきている。

　現在においては、R2P に対する国際社会のあり方に関して、さまざまな議論が学術・実務の両面でなされた結果、国際社会が R2P を果たすこと自体を否定する声は少なくなっている。しかしながら、武力紛争やその他によって、当該国家の政府が R2P を果たすことができなくなり、人間の安全保障

が脅かされる事態が発生した際に、国際社会が R2P に基づいて、人道的介入をする必要性は国際的に認められつつも、国家主権に基づく内政不干渉原則との抵触ゆえに、人道的介入の実施には依然として困難が付きまとっている。また、国際社会がとるべき人道的介入を行う際の手段、とりわけ軍事力の使用について、国際的なコンセンサスが成立しているとも言い難い。したがって、人間の安全保障の達成には、国際社会による R2P に基づく人道的介入が必要である、との認識は世界的に広まっているものの、その実施に際しては上述のような点を考慮しなければならない。こうしたことから、国際社会が迅速かつ適切な対応をとれずに、人道危機が深刻化するケースもしばしば発生しているのである。

感染症

感染症に関しては、COVID-19 の世界的な影響にともない、周知のことも多いと思われるので、簡単に説明する。歴史的には、COVID-19 の発生以前にも、1918 年から 1920 年にかけて猛威を振るったスペイン風邪など、パンデミック（世界的大流行）を引き起こした感染症は存在していた。しかしながら、現代においては公共交通機関が発達し、国境を越えるヒトの移動が増加していることから、感染症は発生国から容易に世界各国へ伝播することが可能となっているのである。

感染症は第一に、個人の生命を脅かすものであることから、人間の安全保障に対する脅威である。また、感染症は社会の機能を麻痺させることで、国家安全保障に対する脅威となる。さらに、感染症はパンデミックを引き起こすことで、国際安全保障に対する脅威ともなる。この結果、個人、国家、国際社会それぞれのレベルにおいて、感染症に対応することが求められるとともに、効果的に対処するためには、これらのレベル間の連携が要請されているのである。

課題

> 1．テロリズムは主要国首脳会議（サミット）でどのように取り上げられてきたか、調べてみよう。
>
> 2．国際社会が保護する責任（R2P）に基づいて人道的介入をする場合に、軍事力を使用することの是非をどのように考えればよいのだろうか。軍事力の使用と不使用にともなうメリットとデメリットをそれぞれ調べ、比較してみよう。

［読 書 案 内］

赤根谷達雄・落合浩太郎編著『「新しい安全保障」論の視座（増補改訂版）』（亜紀書房、2007 年）
安全保障という概念の歴史的変遷を説明したうえで、非伝統的安全保障に含まれる事象の多様性を詳しく説明している。

野田真里編著『SDGs を問い直す──ポスト／ウィズ・コロナと人間の安全保障』（法律文化社、2023 年）
COVID-19 の世界的な流行という状況において、人間の安全保障の実現に向けて取り組むことが必要とされるさまざまな課題について考察を行っている。

（小副川琢）

すでに10年ほどの時間が経過したが、2015年に「欧州難民危機」が発生し、シリアをはじめとする中東の人びと100万人以上が西ヨーロッパに難民もしくは移民として移住することが世界的に大きな話題になった。いわゆる、この「2015年欧州難民危機」を通じて世界中の人びととはどのような教訓を得て、また難民・移民問題の解決のためにどのような取り組みに着手しているといえるのだろうか。世界の難民問題は改善の方向へと向かっているのだろうか。残念ながら状況は一向に改善していない。

2022年2月、ロシアによるウクライナ侵攻が勃発するという衝撃は、平和と安全保障に関する意識を高めることになった。21世紀のヨーロッパで戦争が勃発したという衝撃、そしてクラスター爆弾など非人道的な兵器が大国の武器供与を通じて使用されているという衝撃、さらにもしかしたら核兵器の使用にまでつながってしまう危険をはらんでいるという恐怖、ワグネルという民間軍事会社が戦争を遂行するという戦争の民営化の衝撃に加え、日本にまで「ウクライナ避難民」が逃れてきたという現実を目の当たりにした。

他方では、ミャンマーの民主化運動への弾圧や内戦状態への無関心、スーダン内戦の再発、アメリカ軍の撤退にともなうアフガニスタンにおけるタリバンの再執権による難民の発生など、世界の難民問題は深刻さを増している。

そればかりではない。日本では外国人への人権侵害やヘイトクライムが頻発し、スリランカ人のウィシュマ・サンダマリさんが名古屋入管で適切な治療を受けることもできずに亡くなってしまうという信じがたい出来事が発生した。このような悲劇が生じたにもかかわらず、「入管法改定案」（出入国管理及び難民認定法等の一部を改正する法律案）の強行採択により、難民認定の申請中の人が日本から強制退去されてしまったり、非正規移民の強制収用を可能にしてしまう人権侵害のリスクが高まっている。「ウクライナ避難民」に関してもそうだ。なぜ、難民として受け入れず「避難民」という曖昧な表現を使うのだろうか。

人権意識がもう少しきちんと日本社会に根づいているのであれば、これら

の深刻な諸事案は決して他人事ではなく、人間として取り組むべき共感（エンパシー）の問題であると思う人びとが増えるはずである。しかし、いまだに世界の難民や日本の移民問題は、どこか遠い他人事のような姿勢でしか日本社会で受け止められていない気がする。したがって、本章では日本の視座から難民と移民問題を再考し、どのような多文化共生政策や出入国在留管理制度が必要であるのかについて学ぶ機会を提示することにしたい。

　そのために、①世界の難民急増と「難民鎖国ニッポン」、②日本の「出入国在留管理」制度をとりまく問題点という順番で進めていくことにしたい。

世界の難民急増と「難民鎖国ニッポン」

　世界中の難民・国内避難民、強制移動の数を正確に数えることは不可能である。2022年末を基準に迫害、紛争、暴力、人権侵害などにより故郷を追われた人の数は約1億840万人という推計である（Global Trends Report 2022）。2023年にスーダン等で紛争が発生したために、世界の難民・国内避難民、強制移動の数は1億1000万人以上に達しているといわれる。この流れで推察するならば、2024年には日本国民と同等もしくはそれ以上の人びとが、難民・国内避難民、強制移動者であると考えられる。この数がとてつもない数字であることを読者の皆さんは想像できるだろうか。

　では、このように増えつづける世界の難民問題に対して先進国であり、アジア唯一のG7メンバーを誇る日本の姿勢はどうなのだろうか。筆者が本章で読者に知ってもらいたいのは「難民鎖国ニッポン」という驚きの状態である。低い難民認定率、問題の多い「入管法改定案」、そして非正規滞在外国人の処遇問題一つをみても日本の難民・移民政策には大きな問題がある。

　それにもかかわらず、外務省のウェブサイトを通じて難民関連の情報を検索すると、1981年から2005年までつづいたインドシナ難民1万1319人の受け入れを大々的に強調している。インドシナ難民の受け入れはすでに歴史となりつつある事象であり、2023年現在、日本国民と同等以上の数に及ぶ世界の難民問題への取り組みではない。

　現在進行形の難民認定を把握するためには出入国在留管理庁の情報を活用することが妥当である（出入国在留管理庁ウェブサイト）。日本における難民庇

表　日本における避難民庇護の状況等

	申請者数	定住難民	条約難民	その他庇護	合計
令和元年	10,375	20	44	37	101
令和2年	3,936	0	47	44	91
令和3年	2,413	0	74	580	654
令和4年	3,772	35	202	1,760	1,962

出典：出入国在留管理庁のウェブサイトを参照し筆者が再作成。https://www.moj.go.jp/isa/publications/press/07_00035.html

護の状況や難民認定者数の状況などの統計情報を参照することができるが、最新データである2022（令和4）年度の統計を活用すると、3772人が難民申請を行い、202人が認定、1760人が人道的な配慮等で庇護が認められた（合計1962人）。令和4年度だけのデータを参照すると、難民認定率等が例年よりも高くみえるがそれにはカラクリがある。実は、2022年に難民申請を行った数（3772人）の結果として202人が認定されたわけではない。実質、難民審査には長い時間がかかるため、202人の認定は1万人以上の申請者に対する結果なのである。つまり難民認定率は2.0％程度にすぎず、このことについては難民支援協会が詳しく解説している（難民支援協会ウェブサイト）。

日本の「出入国在留管理」制度をとりまく問題点

　なぜ、先進国として恥ずかしい状況がまかり通っているのだろうか。それは繰り返しになるが、日本では外国人に対する人権的配慮がなくてもかまわないという行政・立法・司法のスタンスがあり、外国人を管理の対象としてとらえることにほとんど違和感を覚えない日本社会の人権規範の希薄さにあると考える。外国籍である筆者がこのようなことを指摘することに対して不快感を抱く読者がいるかもしれない。あえて言わせていただきたい。筆者は、その視点こそが問題であることを指摘しているのである。

　日本国という国民国家システムにおいて国民は日本国籍者に限られる、という認識がこの問題の根底にある。ノーベル賞受賞においては日本国籍を失った人びとも「日本人」として扱う傾向があるにもかかわらず、肌の色が違ったり、外国に出自をもつ日本国籍者に対する偏見や差別はいまだ深刻であ

る。

　まして、日本に暮らす外国籍の人びとに対する冷遇措置は枚挙にいとまがない。「住ませてあげているのだから感謝しろ」という姿勢で難民・移民問題に取り組むことはもはや時代錯誤である。日本人と外国人という二項対立だけでは問題の本質がみえなくなる。出入国在留管理庁のデータに基づくと、2022年6月現在、すでに296万人以上の外国人が日本に暮らしている（出入国在留管理庁ウェブサイト）。中国、ベトナム、韓国、フィリピン、ブラジル、ネパール、インドネシア、アメリカ、タイ、台湾の順で上位10の国籍・地域等の順になるが、筆者の国籍と同様の韓国籍だけでも41万2340人という統計数値である。

　41万2340人の韓国籍は当然ながら異なる人格、異なるジェンダー、異なる職業、異なる収入の人びとであるが、韓国籍であるということだけで一括りにしたり、他の外国籍と同じように扱ったりするのであれば、そのような日本の出入国在留管理制度や多文化共生政策に大きな欠陥があることになる。日本に暮らすコリア系の住民には移住の背景によって「オールドカマー」や「ニューカマー」の区別もできるし、韓国籍以外にも朝鮮籍、そして中国籍朝鮮族や韓国系アメリカ人など多様なコリア系住民が日本に暮らしている。したがって、「在留資格」や在日外国人の歴史的な文脈などを総合的に学ぶ必要性がある。

　最後に、難民認定の審査を行ったり、強制退去の決定を行ったりする省庁が「出入国在留管理庁」に統合されていることの問題点を指摘したい。すなわち、同一機関で受け入れと退去を決定することは、結果として公正な判断がなされなくなるというのが専門家の見解である。したがって、「出入国在留管理庁」の発展的な解体と新たに「移民庁」などの機関を新設することを求める声も上がっている。

課題

1．他のG7諸国における難民・移民を支える人権や人道主義について調べてみよう。
2．難民・移民を積極的に受け入れることがもたらすメリットとデメリットを

それぞれ三つずつ取り上げてみよう。

読書案内

加藤丈太郎編著『入管の解体と移民庁の創設──出入国在留管理から多文化共生への転換』（明石書店、2023 年）
出入国在留管理庁の制度的課題を指摘し、その改善のための提言的な視座を提示する書の一つ。

根本かおる『難民鎖国ニッポンのゆくえ──日本で生きる難民と支える人々の姿を追って』（ポプラ新書、2017 年）
日本政府、そして日本社会が難民問題についていかに消極的であるかを知るうえで参考になる一冊。

米川正子著『あやつられる難民──政府、国連、NGO のはざまで』（ちくま新書、2017 年）
政府、国連、NGO が取り組む難民支援の現状と課題を筆者の経験を交えて記述した書である。

（金　敬黙）

冬休み　メリー・クリスマス！

　あっという間に年内の授業も終わり、冬休みになった。中原拓は、年末は名古屋に帰ろうと予定していたが、ギリギリまで東京でアルバイトしていようと思っていた。クリスマスになると、東京は寒いけれど、街はライトアップされてなんだか賑やかだ。

　福留幸恵を誘ってどこかへ行きたいとも思ってもいたが、平尾正哉との関係が気になっていた。ふたりは拓が見る限り非常に親密だが、お付き合いしているという話は聞かなかった。ひとりでクリスマスを過ごすのはやるせなくて、時給も高い時期だったし、バイトばかりを入れていた。

　バイトの帰り道にふと「愛読している漫画の新刊が出ているはずだ」と思いつき、新宿の大きな本屋へ寄ると、そこには男女の外国人がいた。カタコトの日本語と英語で店員とやり取りしている。

　話しかけようかと悩みながら話を聞いていると、どうやらその若者たちはフランスからの留学生で、漫画のシリーズを何冊も一気に買おうとしているらしい。その分量があまりに多くて、小分けするにも手が足りずもたついているようだった。

拓：大丈夫ですか？　お手伝いしましょうか？

　自分の順番がなかなか回ってこなかったので拓は勇気を出してお手伝いを申し出た。国際学部にいる分、外国の人たちに違和感はなかった。お手伝いが終わると、フランスの留学生たちは何度も「ありがとうございます」と言ってきたので、新宿駅までお付き合いすることにした。

拓：どこの国の方ですか？
留学生：わたしたちはフランスから来ました。フランスの大学生です。

拓：あ、僕も大学生です。日本の大学ですが。

留学生：お手伝いしてくれてありがとう。

　フランス人留学生はふたりともとてもきれいな日本語で挨拶をした。「同じ大学生なのに、僕はこんなに上手に英語も話せないだろうな」と少し劣等感を覚えてしまった。

　話によると、いまヨーロッパでは manga が大流行で、その留学生たちも日本のアニメにひかれて日本文化を学んでいて、日本語を勉強しているらしい。そういえば最近、テレビでも来日する外国人を特集する番組を観たことがある、と思いついた。

　留学生たちの友人には、日本のアイドルグループが大好きで、それを応援するためにアルバイトをして、いつか日本までライブを観に来るのが夢だという人もいるらしい。そういえば最近は大学の友人たちにも K-POP アイドルのファンが増えているのがわかる。自分も昔なにかのグループのスンヨンという歌手を応援していたことを思い出した。

　少し名残惜しかった。もう少しヨーロッパの話を聞いてみたかったが、向こうも急いでいるようだったので新宿駅でバイバイした。

　（国と国が漫画やアイドルを通じて仲良くなれたら、それは安全保障とか経済競争とか関係なくて、争うこともないんじゃないかな。文化っていうのかな。いままで授業では国の利益とか争いの歴史を学んできたけど、僕たちの時代になったとき、こういう文化でのつながりが国を動かすことがありえるんじゃないだろうか。みんなが仲良くなれるといいのにな）

　拓はそう思った。

　ただ「文化」ってなんだろうか？　たぶん「文化で国際政治を考えよう」とか発言したら、ゼミで幸恵とかが小難しく質問してきそうな気がした。まずは文化とはなにか。でも実際に manga やアイドルで国の関係が良好になるのであれば、それが政治を動かしうるのか、考えてみようかな。

　そんなことを思いながら拓も家路についた。

冬休み　ソフト・パワー論とはなにか

ソフト・パワーと文化外交

　ある政治学者の理論によれば、いまや自国の「文化」さえも、その国の外交力を強化するのに役立つのだという。もしそうだとすれば、マンガやアニメ、ゲームなどのポップカルチャー（大衆向け文化）で日本の魅力を発信していくことで、日本をとりまく国際関係も、そのあり方を変えていくことができるのであろうか。

　ハーバード大学教授ジョセフ・S.ナイが自らの著書『不滅の大国アメリカ』において軍事力・経済力と並ぶ国家の第三の力としてソフト・パワーを提起したのは、1990年のことであった。ナイは軍事力や経済力によって他国をその意に反して動かす力がハードパワーであるのに対し、その国がもつ価値観や文化の魅力で相手を敬服させ、魅了することによって自分の望む方向に動かす力がソフト・パワーであるとしている。まさにこのソフト・パワーを活用し、他国との外交を優位に進めていくためには、自国が有する「国の文化、政治的な理想、政策の魅力」を相手国の政府というよりもむしろ国民に向けて効果的に宣伝・広報することが重要となる。

　国際政治において軍事力や地政学的位置関係が決定的な条件であることはいうまでもないが、文化外交とはそうした条件のもとでも自国が有するソフト・パワーの活用が外交力の強化に資するとする政治外交分野の新しい考え方である。こうした議論が登場する背景には、冷戦終結以降の国際政治環境の変化がある。すなわち、米ソ二超大国による東西冷戦の構図が崩壊したことで、力の外交がこれまで有していた地位が相対的に低下するとともに、グローバル化にともなう情報伝達の高速化と普及度の拡大によって、従来は後景に退いていた国際問題の非軍事的な解決手段がその重要性を高めたのである。

アメリカの対外文化広報活動——パブリック・ディプロマシー

　このように、ソフト・パワーを活用した対外文化広報活動を本章では「文

化外交」と呼ぶが、アメリカではこれを「パブリック・ディプロマシー」（日本語では「対市民外交」や「広報外交」と訳される）と呼ぶことが多い。パブリック・ディプロマシーは「伝統的な政府対政府の外交とは異なり、広報や文化交流を通じて、民間とも連携しながら、外国の国民や世論に直接はたらきかける外交活動」（外務省HP）と定義されるが、文化と外交の関係について検討した渡辺靖によれば、そうした外交の具体的手段としては「対外広報や人物交流や文化交流、国際放送、高官の親善訪問や公式声明、万博などの大型国際イベント」が用いられるという。

　アメリカで対外文化広報活動のことを一般に「パブリック・ディプロマシー」と呼ぶ理由の一つは、冷戦期に敵対していたソ連が積極的に行っていたプロパガンダ（情報宣伝活動）と区別するためであるといわれるが、相手国の国民に向けた広報・宣伝活動であるという点で両者を明瞭に区別できるかは疑問である。たとえば二つの世界大戦はまさに総力戦であり、軍事力のみならず、自国や相手国の大衆心理を揺さぶる手段としてのプロパガンダが戦争行為に不可欠であったが、このときアメリカも情報宣伝活動を積極的に展開していたし、第二次世界大戦後の対日占領政策を円滑に実施するため、連合国軍最高司令官総司令部（GHQ/SCAP）内に民間情報教育局（CIE）を設置して、占領下での心理的葛藤に悩む日本人の心の掌握に注力した。そしてなによりも、冷戦期にはソ連を盟主とする社会主義陣営との「思想戦」を制するべく、「自由」や「民主主義」というスローガンをアメリカの象徴として世界に投影・流布しつづけ、1953年には「対日心理戦略計画」を策定して、サンフランシスコ講和条約の発効（1952年4月28日）により日本が独立を果たして以降も、日本の国民に向けた情報宣伝活動を継続したのである。

　ともあれ、今日の国際関係においては、多様なアクターが織りなす多層的ネットワークのなかでガバナンスが営まれ、かつインターネットを媒介にした情報技術文化が急速に拡大することで、外交空間が政治家や外交官のあいだのみならず、市民・大衆レベルにまで拡大するなど、時代状況が大きく変化している。それにともない、政府の役割はこうしたネットワークの「支配」ではなく、アクター間のパートナーシップづくりやプラットフォームづくりの「支援」にあるとする「ニュー・パブリック・ディプロマシー」の概

念が注目されている。そしてその背後にあるのは、政府の直接的関与が強くなりすぎると（あるいはそう受け止められると）、かえってパブリック・ディプロマシーそのものの魅力や信頼性、正当性が損なわれてしまいかねないという発想であり、今後は政府を介さない国民同士が市民レベルで行う「市民外交」や「民間外交」も含めて、パブリック・ディプロマシーの発展を展望する思考である。

フランスの対外文化広報活動──文化外交

　前述のように、アメリカでは対外文化広報活動を一般に「パブリック・ディプロマシー」と呼ぶが、フランスでは「影響力の外交」、あるいはさらに総称的に「文化外交」と呼ぶことが多い。日仏の文化外交を比較検討した渡邊啓貴は、その理由について、フランスもかつてはイギリスと並ぶ植民地大国であったことから、世界（とりわけ旧植民地諸国）に向けてフランスの「影響力」を保持しようという大国意識が今なお残っているためであると説明しているが、現実には国力や規模においてアメリカに及ぶものではなく、フランス外交そのものが恒常的に世界的影響力をもっているとはいえない。しかしそうであるからこそ、「文化国家」を自認するフランスはソフト・パワー大国として国を挙げて文化外交に取り組んできたともいえる。

　フランスが自国の文化を対外広報活動の重要な手段として用いてきた歴史は非常に古く、17世紀の終わりにはフランス語や思想・哲学の外国へ向けた普及がフランス対外政策の一環として行われるようになったという。またフランスは普仏戦争（1870〜71年）でプロイセン王国に敗北し、アルザス・ロレーヌ地方を失ったが、このことでフランス国民が味わった屈辱感をアフリカでの植民地拡大で補おうとしたといわれる。その意味で、この時期以降の対外文化広報活動がフランス語学教育とフランス文化の普及の二本柱で構成され、特に前者の先頭に立っていたのが、植民地や保護領におけるフランス語とフランス文化の普及を目的として1883年に設立された民間団体の「アリアンス・フランセーズ」であったことは決して偶然ではない。

　なお、フランスによる対外文化広報活動の特徴は、英米が民間主導で行われるのに対して、国家が主導している点に求められるが、第二次世界大戦後

の 1945 年に「フランス対外文化交流・活動総局」が設立され、文化・科学・技術の分野を網羅する本格的な対外文化活動が展開されるようになったことは、まさにそれを象徴している。その後も、フランスにおける文化外交は実施体制の見直しが図られ、2010 年の抜本的な組織改革（国家の対外活動に関する 2010 年 7 月 27 日法）により新たに設置された「フランス政府留学局（Campus France）」「フランス専門技術普及国際機関」そして「アンスティテュ・フランセ」（フランス語学教育とフランス文化の普及の推進）などの公的機関が、国外におけるフランスの影響力の拡大と文化活動に取り組んでいる。

日本の課題

　以上のように、近年政治外交の分野で注目されているソフト・パワーとこれを活用した対外文化広報活動とはどのような考え方であり、実際どのように実践されているのかについて、米仏の事例を中心に明らかにしてきたが、最後に検討しなければならないのは、日本が今後こうした対外文化広報活動をどのように展開していくべきかである。

　この点について、日本の対外文化広報活動にとってフランス流のそれが最良のモデルになるとの立場に立ち、自国の歴史・文化をソフト・パワーと位置づけて、国を挙げて世界に発信していく姿勢が重要であると説く渡邊啓貴は、「日本が外国に与えうる直接的な影響力の手段は次第に限定されてきている」現状をふまえ、日本も「価値観や行動様式を伝えることによって日本を理解してもらい、存在感を認知してもらうことにもっと努めるべき」であるとする。

　日本の外務省は、平和主義や伝統文化・現代文化など、日本にもソフト・パワーの潜在力はあるとして、これを有効活用すべく、2004 年 8 月に海外広報と文化交流を統合した「広報文化交流部」を省内に発足させている。この部局が実際どのような役割を担い、今後どのように発展していくべきなのか。日本の外交力強化という観点から、あらためて考えてみる必要がある。

課題

1．第二次世界大戦後、アメリカが日本の国民に向けて行った情報宣伝活動は、日本人のアメリカに対するイメージにどのように影響したか、考えてみよう。
2．日本の外務省は、日本のどのようなものをソフト・パワーとみなし、活用しようとしているのか、調べてみよう。

読書案内

ジョセフ・S. ナイ『ソフト・パワー──21 世紀国際政治を制する見えざる力』（山岡洋一訳、日本経済新聞社、2004 年）
軍事力や経済力によって他国を動かす「ハードパワー」に対し、その国がもつ価値観や文化の魅力で相手を魅了し、自分の望む方向に動かす力を「ソフト・パワー」と呼び、国際政治の新たな枠組みを提示したナイの著名な作品。

渡邊啓貴『フランスの「文化外交」戦略に学ぶ──「文化の時代」の日本文化発信』（大修館書店、2013 年）
在仏日本大使館の広報文化担当公使（2008〜10 年）を務めた著者が、「文化国家」を自認するフランスのしたたかな「文化外交」について分析し、日本外交の課題を指摘する。

渡辺靖『文化と外交──パブリック・ディプロマシーの時代』（中公新書、2011 年）
アメリカでは対外文化広報活動を一般に「パブリック・ディプロマシー」と呼ぶが、その歴史や政策的な広がり、そして主要な批判や課題を、著者が豊富な事例紹介とともに解説。

（中田晋自）

1月　ホームシック？

　年が明け、授業が始まった。結局お年玉目当てに正月に少し帰省すること
にし、そこから戻った中原拓は、どうも浮かない顔をしていた。ゼミの前に
席に座っていると、それまで岩川裕子に何事か相談していた玉坪武子が話し
かけてきた。

武子：どうしたの？
拓　：ああ。玉坪さん、久しぶり。

　拓は、やはりなんとなく元気がないようだ。ひととおり正月の挨拶をして
から、拓が切り出した。

拓　：いや、年末年始は帰省していたんだけどさ、僕は愛知出身なんだ。そ
　　　のせいか、帰省したら、味噌の味が懐しくなってしまってね。
武子：白味噌ではダメ？
拓　：ダメというわけではないけど、物足りなくなってしまってね。東京に
　　　戻ってくるのが憂鬱になってしまったわけだ。
武子：なかなか保守的ね。

　平尾正哉や福留幸恵をはじめ、ほかのメンバーも集まってきた。大学院生
の岩川裕子もお手伝いで来ている。

正哉：東京の醤油ベースの味になじんだ僕にしてみると、赤味噌の味は塩
　　　辛く感じるけどなぁ。
裕子：なるほど、それはちょっとした文化の摩擦だね。そういう味の好み
　　　の違いって、長く同居しようとすると、気になるときがありますね。わた

しのときのゼミ生でも伊郷さんが同じようなことを言っていたよ。

　岩川裕子は自分の学部生時代を懐かしく思い出しながら話した。伊郷章夫は今や地元・名古屋のガス会社で活躍して、将来を嘱望されているらしい。

拓：昔の日本では、夫の好みの味にあうように、妻が味を直したなんていう話も聞いたことがあるよ。
幸恵：まぁ！　そんなの女性の権利を侵害しているじゃないの？
拓：そういうことになるかもしれないね。

　もう少し幸恵と話そうとしていていた拓だが、裕子がそれをさえぎった。

裕子：「女性活躍推進」とか言われているし、いろいろな取り組みがなされているけど、まだまだ日本では女性の権利が十分に認められていないかもしれないね。
正哉：女性の社会進出や過去の差別の問題は、このところいろいろなニュースで取り上げられるようにはなったと思います。でも、日本は遅れているという話をよく聞きます。また、女性だけでなく、世界をみても宗教や人種、いろいろな面で少数者が不利な状況に追いやられているというニュースを見ますね。
裕子：ロシアのウクライナ侵攻以来、経済的にもインフレが進んで、新自由主義のなかで社会的に弱い人たちがいっそう苦しんでいる……
幸恵：先輩、その話は少し難しいです。でも、要は、世界にはいま問題があふれているということでいいですか？
裕子：そうですね。さっそくそれぞれ関心をもって、一緒に勉強してきましょう。

1月　第2週　ジェンダーとはなにか

ジェンダーと女性解放運動

　ジェンダー（gender）とは、生物学的な性（sex）ではなく、人間が社会的動物であるがゆえに生じる社会的・文化的な意味での性を指す。もともと男女という二つの性のみが認識されてきたのに対して、近年トランス・セクシャルやトランス・ジェンダーなどのLGBTの人権が認識されるにともない、多義的な概念でとらえられる場合もある。またジェンダーは性別に関する社会的規範と性差を指しており、社会や家庭内における男女の役割分担や、職業などにもこうしたジェンダーが反映される。これについては近年の女性の社会的地位の向上や男女平等化により変化が生じている。たとえば軍人は主に男性の職業であったが、近年は各国で女性兵士数が増大している。また従来女性が主に従事していた職業、たとえば保育士や看護師は以前保母や看護婦と呼ばれていたが、男性の担い手の増加にともない保育士や看護師というジェンダー・ニュートラルな表現が一般化している。

　1950年代から1960年代に、アメリカの心理学者・性科学者ジョン・マネー、精神科医ロバート・ストラーらによって、身体的な性別が非典型な状態の性分化疾患の研究が開始された。その当事者に生物学的性別とは別個に男性または女性としての自己意識、性別の同一性があり、臨床上の必要から「性の自己意識・自己認知（性同一性）」という定義で"gender"という用語が用いられた。そして、1960年代後半から"gender identity"という用語が、「性の自己意識・自己認知（性同一性）」という定義で用いられるようになる。これらの研究はその後、性同一性障害、つまり生物学的な性が社会的性であるジェンダーと一致しない疾患の発見につながり、欧米諸国はもちろん、わが国でも性同一性障害者の性別の取り扱いの特例に関する法律が定められた。同法が該当する場合、家庭裁判所に性別の取り扱い変更の審判を請求することによって、民法をはじめ各法令手続きを経たうえで、性別の変更が認められている。

　ジェンダーの問題は男女の平等を求める女性解放運動とも強いつながりが

ある。1960年代後半から1970年代前半にかけて女性解放運動（アメリカの
ウーマン・リブ運動、フランスの女性解放運動 MLF など）が世界中に広ま
り、ニューヨーク、パリなど各地で数十万人規模のデモが発生した。この運
動によりのちに多くの国で女性の労働の自由が認められるようになった。こ
れを境にフェミニズムはほとんどの国で政治、文化、宗教、医療といったあ
らゆる分野で取り入れられるようになる。

　女性解放運動は、女性を拘束する家族内の男女の性別役割分担、つくられ
た「女らしさ」、さらにはそれらの上に位置する政治・経済・社会・文化の
総体を批判の対象にしていた。日本でも1970年代に各地でウーマン・リブ
の集会が開かれ運動の拠点もつくられた。またこの頃、ピル解禁を要求して、
榎美沙子を代表に「中ピ連」が結成された。各国でのウーマン・リブ運動の
高揚を受けた国際連合は、1972年の第27回国連総会で1975年を国際婦人
年と決議し、メキシコで世界女性会議（1975年）を開催して「世界行動計画」
を発表した。つづいてコペンハーゲン会議（1980年）、ナイロビ会議（1985
年）、北京会議（1995年）などが開催された。

日本の女性選挙権

　戦前から選挙権獲得運動を推進していた市川房枝などの女性運動家によっ
て、終戦から10日後の1945年8月25日に「戦後対策婦人委員会」が組織
され、日本政府と GHQ に対して婦人参政権と政治的権利を要求した。その
後も「主婦連合会（主婦連）」など、女性が担い手となった政治結社がいく
つもつくられたが、それらは食糧獲得や物価高騰への抵抗など、生活を再建
するうえで主婦や母という性別役割を完全に果たすことを動機とする「婦
人」たちの組織だった。日本で女性に参政権が認められたのは戦後であり、
GHQ による日本占領政策での日本政府への圧力がなければ実現しなかっと
すらされる。

労働の分野でのジェンダー

　日本では、1933年に弁護士の性別要件が削除されて女性の弁護士への道
が開かれた。1940年には初の女性弁護士が誕生。女性の職業選択の面で重

要な成果を挙げた。1972 年には男女雇用機会均等法が成立した（当時は勤労婦人福祉法。1986 年に男女雇用機会均等法として改正）。同法は 1999 年に大幅に改正され、雇用上の女性の権利、育児休暇の権利、企業に対するセクシャルハラスメント防止配慮義務などが獲得された。

　すでに述べたように性別が特定されたイメージをもつ職業名を男女両者に使用できる語へと変える動きもある。たとえば、「スチュワーデス」→「客室乗務員」、「看護婦」→「看護師」、英語圏では「fireman」→「fire fighter」、「policeman」→「police officer」、「stewardess」→「flight attendant」などの言い換えが行われている。この背景には、男女が同じ職業につくようになってきたことと、男女を同じ呼称とすることで性別による賃金格差などの差別をなくそうという意図がある。

　賃金格差については、日本は先進国で最下位レベルであり、正社員であっても女性は男性の 75％ほどの賃金となっている。原因としては、女性の管理職の少なさや就職時の差別等も挙げられる。たとえば、2014 年の新卒採用において、総合職で採用された学生のうち女子学生は 20％であり、労働機会は平等とはいえない現状がある。

　ジェンダー・エンパワーメント指数（GEM 指数）によると、日本は他の先進諸国のなかでは最低ランクで男女平等政策に遅れをとっている。一方で、GEM 指数等の基準は一面的なものにすぎず、女性を一括りにしてその幸福感をはかる基準とするには不適切であると指摘されることもある。たとえば、企業や団体の管理職に従事するよりも家庭で子育てに専念できるほうが幸福と考え、専業主婦となることを志向する女性が多ければ、GEM 指数は低くなる。しかしながら日本における極端な少子化は、女性が働くにせよ、家庭に入るにせよ、これらを両立するにせよ、女性に育児だけでなく介護などの賃金外労働の多くの負担を強いていることの現れであり、こうした賃金外労働、つまり家庭内の女性への負担がジェンダーという性差による役割分担の固定化によるものであることは明白である。また日本経済そのものの低調により夫のみの稼ぎでは、家計が回らないという事態から女性も賃金労働に従事しながら、さらに上述の家庭内の賃金外労働を強いることによって女性に多くの負担が集中する要因となっている。いずれにせよジェンダー・バラン

スが今日の社会に求められる。

課題

1．ジェンダーと女性解放運動の変遷はどのような関係性にあるか、考えてみ
  よう。
2．日本のジェンダー問題の特徴はなにか、考えてみよう。

読書案内

上野千鶴子『資本制と家事労働――マルクス主義フェミニズムの問題構制』（海
鳴社、1985 年）
フェミニズム（女性解放運動）を理解する基本書。先行研究をわかりやすく整理
したうえで家事労働を資本制のもとで定義づける。

上野千鶴子『フェミニズムがひらいた道』（NHK 出版〈学びのきほん〉、2022
年）
フェミニズムはなぜ誕生し、なにを変革し、なにを変えられなかったのか。四つ
の時期区分で論じている。

伊藤公雄，・樹村みのりほか『女性学・男性学――ジェンダー論入門　第 3 版』
（有斐閣アルマ、2019 年）
女性学と男性学の教科書で、女と男についてあらゆる社会的観点から扱っている。
マンガやコラム、練習問題も含む。

（松本佐保）

1月　第3週　地球環境問題とはなにか

問題の性質

　この地球には、プラネタリー・バウンダリーと呼ばれる限界が存在する。現在の先進国の生活スタイルが世界中のすべての人びとの日常となれば、人間が生きられる自然環境は崩壊する。その態様の一つが、地球温暖化による気候変動であり、もう一つが、生物多様性の喪失である。大量の化石燃料が可能にした生産消費システムのグローバル化と、生態系の人為的改変をともなう大規模土地利用の進展は、先進国の豊かさを実現しつつも、それ以外の人びとの生活基盤を損なってきた。

　WMO（世界気象機関）によると、温暖化の原因となる温室効果ガス（CO_2、メタン、N_2O、フロンガスなど）の大気中濃度が、2022年に観測史上最高値を記録する。海水面の温度も地球全体の平均値で過去最高となった。これは一過性のものではなく、過去8年間の世界気温が最高記録を更新している。EUの研究機関によると、2023年6月から8月は1940年以来の観測史上、最も暑い季節になったという。南極の氷は溶け、海氷域はこれまでになく縮小している。温暖化は他の多くの原因と複雑に関係しながら、気候の激しい変動をもたらす。干ばつ、熱波、集中豪雨、洪水により世界各地の人びとの生活が破壊され、食糧の生産・供給システムは不安定化し、大規模な飢餓と人の移動が発生している。2022年には東アフリカ全体で2000万人が天候不順による食糧難にさらされ、パキスタンでは3000万人が集中豪雨の直撃を受け、ヨーロッパ各地の熱波は1万5000人もの関連死を引き起こした。世界全体では9億2400万人もの食糧不足が、直接・間接に気候変動によりもたらされたと考えられている（WMO2023年報告書）。

　問題の根本には、激しい経済格差がある。2019年にアメリカ国内で排出された温室効果ガスの40％が、所得上位10％の富裕層によるものであったという調査もある（マサチューセッツ大学アマースト校スター氏などによる研究）。そもそも温室効果ガスの排出量からして、大国、特に中国とアメリカに偏っている。2020年のCO_2に絞ると、全世界で314億トン排出、うち中国が

32％、アメリカが13.6％であった。あわせて半分近くに上る。では気候変動問題とは米中の問題だといえるかというと、ことはそう単純ではない。世界経済は両大国に依存している。米中のCO_2排出は、米中のためだけのものではない。

　気候の変動と並行して生じている生態系の破壊もまた、恐ろしいほど著しい。IPBES（後述）によると、過去50年の種の絶滅の、そのスピードが凄まじい。生物誕生以来、実に多くの種が生みだされては亡んできたが、現在の生物種絶滅のスピードは、過去1000万年平均の数十倍から数百倍に達するという。このままでは25％の生物種が絶滅のおそれにさらされたままだ。IPBESは数十億人もの人びとの食糧、医療、エネルギーを支えてきた約5万種もの野生種が、今後利用できなくなるだろうと警告する。生物多様性喪失の経済的損失は巨大だ。その要因として外来種侵入も重要視される。モノとヒトのグローバルな移動の飛躍的な量的拡大とともに、多くの生物種が別の生態系に持ち込まれ、これを破壊する。IPBESの試算によると、侵略的外来種による経済的損失は全世界で年間60兆円に上る。

国際機構による争点化

　地球環境問題はこうした状況認識の積み重ねを通じて、国際政治の争点へ引き上げられていった。特に国際機構が果たした役割が重要であった。まず挙げるべきは、さまざま分野の科学者のトランスナショナル・ネットワークの形成である。国際共同研究の展開は、危機にある人類の重要な達成だといえよう。気候変動にはIPCC（気候変動政府間パネル）が、生物多様性にはIPBES（生物多様性及び生態系サービスに関する政府間科学－政策プラットフォーム）が存在する。いずれも国籍を越え科学者をネットワーキングする国際フォーラムであり、合同ワークショップも開催される。たとえば、生物多様性のための森林や藻場・干潟はブルーカーボン生態系と呼ばれ、その保護が炭素の吸収や固定にとって重要であることが明らかにされている。IPCCとIPBESの両者が触媒となり、UNHCR（国連難民高等弁務官事務所）、IOM（国際移住機関）、FAO（国連食糧農業機関）、WFP（国連世界食糧計画）などの国連専門機関が気候変動による強制移住の実態や食糧生産供給シ

ステムの状況について調査報告書を公表し、国際社会がとるべき政策を提言している。いわば科学と政治のインターフェースの国際的制度化である。広範な分野の科学の知の国境を越えた協働なくして、人類が地球環境問題を認識することはなかった。

　その解決へ向けた取り組みの端緒となったのは、国連の会議であった。1972年にストックホルムにて人間環境会議が開催され、人類の生存に関わる環境原則が打ち出された。1987年にはブルントラント報告が公表され、持続可能な発展という理念が提案される。1992年にはリオデジャネイロにて国連環境開発会議（リオサミット）が開催され、気候変動枠組条約と生物多様性条約がともに採択された。これは双子の条約とも呼ばれ、地球環境問題の解決方向を示す最重要の国際条約となっていった。その後、リオサミットを起点にリオ＋10が2002年にヨハネスブルクにて、2012年にはリオ＋20が再びリオデジャネイロの地において開催される。国連を中心にした地球環境サミットの歩みは、リオプロセスとも呼ばれた。先進国と途上国の責任を区別するための、共通だが差異ある責任の原則が確認され、先進国の途上国に対する支援が約束され、必要とされる提供資金額が明示され、行動計画の進捗状況が報告された。世界一体となった地球環境問題解決過程が、組織されていくはずであった。

　ところが、気候変動も、生物多様性の喪失も、いよいよ加速していくばかりである。2023年に国連総会にあわせて開催された気候野心サミットでは、国連事務総長グテレスがこんな言葉を発している。「人類は地獄の扉を開けてしまった」。

双子の条約、その政治的機能

　国連中心の地球環境サミットは、役に立たないただのお祭りだったのか。もちろん、そうとも言い切れない。環境破壊のスピードに対して、政治のスピードがあまりにも遅いことは否めないが、しかしそれでも、双子の条約を基本とした地球環境ガバナンスが不十分ながら構築され、国際政治に一定の影響を与えてきたのは確かである。締約国（機関）数は気候変動枠組条約が196、生物多様性条約は198に及ぶ。国際社会の根本規範を構成していると

いうべきだ。どちらの条約も締約国会議が定期的に開催され、締約国会議事務局のもと補助機関や作業部会が設置され、さまざまな研究報告や政策提言が公表されてきた。締約国会議には政府代表だけでなく世界中の環境保護団体やジャーナリスト、研究者が集う。その数は1万人にも達する。

　双子の条約はどちらも枠組条約と呼ばれる。大きな目標と基本原則を定めたにすぎない。この枠組みに具体性を与えていくのが、締約国会議（COP）を通じて採択される議定書である。COPプロセスを通じた枠組条約＝議定書方式と呼ばれる。気候変動枠組条約は1992年に採択されたあと、1995年に京都議定書が調印され、カーボンプライシング（炭素排出コストを価格に転嫁する仕組み）の実現を目指す京都メカニズムが導入される。各国別の削減目標も示され、達成されない場合のペナルティ（より厳しい削減の義務づけなど）まで決定された。しかしその発効には時間がかかり、2005年にようやく規定の締約国数に達するも、ペナルティを科す方向性は政府間の合意を得られなくなっていく。ポスト京都の試みも時間がかかり、ようやく2015年にパリ協定が合意される。世界の平均気温上昇を産業革命以前より2℃以下とすること、ただし可能な限り1.5℃以下にすることを世界共通の目標とし、国別行動計画提出が義務づけられた。その後、パリ協定をベースに、温室効果ガスの排出と吸収を2050年までに等しくするというカーボンゼロ目標が世界的コンセンサスとなってゆく。CO_2の累積排出量が世界の平均気温上昇と線型の関係にあることが明らかになっているため、これまでの累積排出量をもとに2℃を超えないための世界全体削減量についてある程度予想が立つのだが、主要排出国（アメリカ、中国、EU、日本など）の予定削減量およびそのスピードは足りないと、市民団体も科学者も批判している。

　生物多様性条約は、同じく1992年に採択されたあと、2000年のカルタヘナ議定書で遺伝子組換技術により改変された生物の越境移動が規制され、2010年の愛知目標により陸の17%、海の10%を保護地域にするという目標が定立されるとともに、同年の名古屋議定書により、医薬品・食料品・化粧品・植物育種などに関する遺伝資源利用から生じる利益の公正な分配について、指針が提示されている。2022年には昆明モントリオール生物多様性枠

組が採択され、在来野生種個体数の増加、遺伝的多様性の維持、適応能力の保護を進めるべく、2030年までに生態系の30％を回復、陸と海の30％を保護地域として指定、侵略的外来種の導入を50％削減するとともに、年間2000億ドルを調達し、先進国から途上国へ資金を投下するという目標が立てられている。

鍵を握るアクター

　国際政治の取り組みは、地球環境の破壊速度には追いつかない遅さではある。しかし、地球環境ガバナンスと呼ばれる問題解決志向の国際的制度枠組みが構築されてきたこともたしかである。もちろん、アメリカと中国という二大国の対応が重要になる。両国の政治的対立は、暗い影を落としている。他方で、EUによる欧州グリーンディールという総合政策枠組みにも注目しておきたい。金融政策、エネルギー政策、産業政策のすべてを統合し、誰ひとり取り残さないという公正原則のもと、EUを挙げた取り組みが進められている。しかしそれでも、EUだけのがんばりでどうにかなる規模の問題ではない。また再生可能エネルギーの普及が巻き起こす厳しい地政学的構造転換にも、注意を払っておく必要がある。化石燃料から再生可能エネルギー中心の世界経済へ転換することは、化石燃料輸出大国の中東諸国やロシアがこれまでどおりのプレゼンスを発揮できなくなることを意味する。その反面、再生可能エネルギーさらには電気自動車には、希少金属の大量安定供給が求められるのだが、その産出およびサプライチェーンに関しては、中国が支配的な地位を獲得している。中国が希少金属を武器とした戦略的通商政策を進めていけば、欧米との対立は激化していく。

　とはいえ、中国とアメリカが協力しあえば、気候変動も生物多様性喪失も解決に向かうというわけでもない。問題への取り組みには、地球レベルのルール形成、モニタリング、サンクションの枠組みが求められる。それには、世界中の政府、企業、市民団体の協力が必要となる。地球環境問題は、その解決のための国際協調と国際対立を、同時に生起させる。前者を推進するには、主権国家どうしの政府間協調だけでなく、自治体、市民団体、多国籍企業および地場産業の担い手としての中小企業のあいだの、マルチレベルの協

力関係が求められる。理想論ではなく、現実的政策論として、マルチレベル
ガバナンスの構築が世界各地で要請されていく。地球環境問題は、国連の役
割と大国の使命の双方が強く要請され、市民社会のさまざま団体が国境を越
えて連携することが求められる、グローバル・ガバナンスの格好の事例なの
である。

課題

> 1．地球環境問題とはどのような性質の政治問題か。超長期の視点から考えて
>   みよう。
> 2．地球環境問題を国際政治の争点に引き上げたのはどのような政治アクター
>   だろうか。国家以外の重要なアクターについて考えてみよう。
> 3．地球環境問題解決の鍵を握るのは大国だろうか、国際組織だろうか、
>   NGO だろうか。望ましい解決のあり方はどのようなものであろうか。グル
>   ープで話しあってみよう。

［読書案内］

ロビン・エッカースレイ『緑の国家——民主主義と主権の再考』（松野弘監訳、
岩波書店、2010 年）
環境政治の視点から国際関係論を見直していくための基本書。理論的議論に難し
さも感じると思うが、国家存在の基本目的について強く再考を迫る、スリリング
な書物である。

ジョン・S. ドライゼク『地球の政治学——環境をめぐる諸言説』（丸山正次訳、
風行社、2007 年）
環境問題への取り組み方にもイデオロギー対立が存在する。その見取り図とせめ
ぎあいの歴史について考察した本書は、環境政治について学習するための重要な
基本書である。

（臼井陽一郎）

1月 第4週　宗教と政治を考える

宗教改革、ピューリタン革命、アメリカの建国

　中世のヨーロッパにおいてキリスト教会、カトリック教会は宗教的にも政治的にも社会的にも絶対的な権力を握っていたが、ドイツ、スイス、イギリスで相ついで起こった宗教改革によってその権威は徐々に失墜していった。これに対し、教会側は改革を意図した対抗宗教改革を行ったが、ヨーロッパ内で権威を回復することはできず、その後三十年戦争に突入した。ヨーロッパをカトリック陣営とプロテスタント陣営に二分したこの宗教戦争の結果、プロテスタント陣営の勝利によってカトリックのバチカンの権威はさらに低下した。そしてウエストファリア体制が確立し、政教分離が徐々に進行して近代以降の国民国家や国際法が成立したとされる。しかしだからといって、カトリック教会の政治的な力がなくなったわけではなかった。その後の近代化やフランス革命を経たあとでも、カトリック教会は政治的な影響力を完全に消滅させたわけではない。カトリック教会はその外交力によって、政治への影響力を行使しつづけてきた。

　一方、プロテスタント教会が近世から近代において最も政治的な力を握ったのは、イギリスでのピューリタン革命の担い手としてである。その後、イギリスで王政復古が行われると、共和制を希求するピューリタンたちは神の国アメリカを建国する。ピューリタンは純粋なキリスト教を信仰するプロテスタントのなかでもより原理主義的で、たとえば聖書に書かれていることを額面通りに解釈し、聖書に反することは違法化しようという信仰をもつ人たちである。アメリカでは、その後、近代化や科学技術の発展にともなってこうしたキリスト教的解釈はいったん衰退する。だが、原理主義を復活させようとするキリスト教復興運動が、アメリカの歴史上、少なくとも4回以上起こっている。最近の例を述べるなら、2016年のトランプ政権誕生前後のことであり、現在もその余波の時代にある。キリスト教福音派の支持によってトランプ大統領が誕生した。そのため、トランプ政権はことごとく福音派の支持者を満足させる政策を実施した。中絶反対の最高裁判事を増やす、エル

サレムをイスラエルの首都として米大使館を移転する、大統領令でのイスラーム圏 6 か国からの入国禁止令など、挙げるとキリがないほどである。そしてその結果、バイデン政権成立後の 2022 年に、女性の中絶権を認めたロー＆ウエイド判決が中絶反対派の最高裁判事によって覆され、現在全米で女性の中絶権を著しく制限する事態が発生している。

ヨーロッパのキリスト教民主主義とバチカン

　こうしたキリスト教福音派に対して、カトリックや穏健なプロテスタントの政治的な影響力は、戦後のヨーロッパでキリスト教民主主義を開花させ、欧州各国でキリスト教民主主義系の政党が多く誕生した。冷戦構造も手伝ってこれらキリスト教民主主義系の政党が与党となる場合も多々あったが、冷戦終結にともなってその影響力は衰退し、イタリアではキリスト教民主主義政党は解体した。しかし、ドイツやオランダではキリスト教民主主義政党は現存し、ドイツのメルケル首相のように国際的なリーダーシップを発揮する指導者も出現した。

　一方、バチカンは、1965 年以降「聖座」として国連の活動に関与し、核兵器問題や人道的な活動などで国際政治の規範に一定の政治的影響力を行使してきた。冷戦の終結においても、当時ソ連の権益下で共産主義政権であったポーランド出身の教皇ヨハネ・パウロ 2 世は、同国の民主化運動を精神的に支え、やがてアメリカのレーガン政権との協力によって、共産主義を突き崩していくことに貢献したとされる。このことは、アメリカの著名な冷戦史家ジョン・ルイス・ギャデスがその著書『冷戦』で、ヨハネ・パウロ 2 世の功績を讃えていることからもうかがえる。また、現教皇フランシスコは、2015 年に成立した地球環境問題についてのパリ協定を事前に後押しする重要な回勅「ラウダート・シ」を出した。これは世界最先端の気候科学者の頭脳を結集して集められた科学的データに基づいて、人間の欲望の赴くままに地球の開発と CO_2 排出量が増えると、気温が上昇し海面上昇が起き、多くの自然災害に見舞われることを警告していた。実際にこうした事態が現在起こりつつある。

バチカンと第二次世界大戦

　このように平和外交や国際政治への肯定的な側面での影響力に対する評価がある一方、第二次世界大戦中のバチカンについては、多くの批判が行われている。2020年3月に第二次世界大戦中のバチカンの公文書が、バチカン使徒文書館（旧バチカン機密文書館）において公開され、これをめぐって論争が再燃している。20年以上前にイギリスのジャーナリスト、ジョン・コンウォールが刊行した『ヒットラーの教皇』がベストセラーとなり、これを下敷きにした映画『アーメン』が物議を醸し、「バチカンがホロコーストを黙認した」にとどまらず、加担したのではないかというトンデモ言説が飛び出し、それ以来論争が続いていた。そしてついに現教皇フランシスコが、バチカンの黒歴史も含めて史料を公開し正当な批判を受けたうえで謝罪する、黒歴史を含むバチカンの過去をさらけ出すことに躊躇しないとの声明を出した。

　コロナ禍による文書館の閉鎖があったものの、新史料の公開は世界中のホロコースト研究者の関心を呼んだ。多くの研究者がバチカン使徒文書館に押し寄せて、新たに公開された史料によって史実を明らかにしようと再び関心が集まった。日本では「ユダヤ人問題」は欧米に比べると関心は低いものの、いくつかのメディアでも報道されている。

　2023年9月17日、第二次大戦中のナチス・ドイツによるユダヤ人大虐殺「ホロコースト」について、当時のローマ教皇ピウス12世が、1942年の時点で把握していた可能性を示す新たな史料が見つかったと発表された。教皇庁はこれまで検証可能な情報がないとしてきたが、ピウス12世はナチス批判に抑制的だったことで知られ、ユダヤ人迫害を黙認したと非難したのである。新史料には、ピウス12世の秘書宛の1942年12月14日付の手紙が含まれていた。そこには、ポーランド西部のベウジェツ強制収容所で1日当たり約6000人のユダヤ人やポーランド人が殺害されているとつづられていたのである。反ナチス運動に加わっていたドイツ人の神父からの手紙であった。

　手紙を発見した公文書管理の専門家であるアーキビストのココ氏は、「ピウス12世のもとにユダヤ人迫害に関する正確で詳細な知らせが届いていたことが、いま確かになった」とイタリアの『コリエレ・デラ・セラ』紙のイ

ンタビューに答えて、その意義を強調している。これは時事通信によって日本でも報道された。こうしてバチカンの公文書公開によって、コロナ禍を挟んで検証作業が進み、バチカンとナチス・ドイツとの関係だけでなく、戦時中の日本との関係なども明らかにされつつある。

課題

1. アメリカの宗教と政治の関係は建国以来現在までどのようなものであるか、調べてみよう。
2. ヨーロッパの政治と宗教の関係はどのようなものか、調べてみよう。

読書案内

松本佐保『バチカン近現代史』（中公新書、2013 年）
カトリック教会総本山のバチカンが、近代から現代の国際関係にどう関わったかを紹介する概説書。

松本佐保著『アメリカの宗教ナショナリズム』（筑摩新書、2021 年）
アメリカ合衆国の建国から現在まで、プロテスタントとカトリックのキリスト教が政治にどう関わってきたかを解説。

大澤武男著『ローマ教皇とナチス』（文春新書、2004 年）
ローマ教皇ピウス 12 世が、ナチスの行ったホロコースト（ユダヤ人大虐殺）を黙認したとする欧米の論争をまとめたもの。

（松本佐保）

2月　同窓会

　2月は大学では入試や定期試験など、先生と学生は忙しい時期だ。社会では昔から2月と8月は比較的仕事が入ってこない時期だと聞いたことがある（それはバブルの時代のことだが）。岩川裕子は先日伊郷章夫のことを思い出したことをきっかけに、同期で集まりたくなった。

　（きっとみんなお仕事で忙しいだろうから、わたしから呼びかけてみよう）

　集まったのは松原勝之と平正隆、伊郷章夫だった。3人とも地元の企業で就職したが、呼び掛けに応じてわざわざ上京してきてくれたのだ。3人の近況を少し紹介しておこう。

　松原勝之は関西に戻り、医療（循環器）系の専門商社に就職した。すでにいくつかの病院を担当し、緊急時には24時間対応で走り回っている。今日は特別に夜間対応を先輩に交代してもらっての上京だった。

　もともと東京だった平正隆は大手自動車メーカーの子会社に就職した。子会社といっても海外拠点をアジアに展開する企業で、プラスチック成型や金型の設計などを得意としていた。ミリ単位での細かな作業もまかされつつあり、正隆はこの仕事こそ日本の経済を支える技術だと考えていた。実際にそうである。スマートな正隆はすでに社長令嬢との婚約が決まっていた。時間があるときはYouTubeで「まーくん」という名前で怪談を語ったりして、案外そちらの世界では知られた人にもなっていた。

　伊郷章夫は地元の大手ガス会社に就職し、営業を経て人事に配属になったところだ。将来を嘱望されているのは先にも記した通りだ。

裕子：みんな、どうしてるの？　元気？
勝之：僕はお医者さんのところに行って製品の営業をしてる。実は東京に

来ることも多いんだけど、コロナが明けてからは、夜まで待機しなきゃいけないことも多くてね、なかなかみんなに連絡できないんだ。

章夫：僕は地元の都市ガス会社で営業所を経て人事に配属になっている。ガスは日常生活に不可欠だから、宿直も多いし、なかなか生活が自由にはならないな。でも時々は街に繰り出しているよ。

正隆：僕は自動車の部品を作っているんだよ。あ、そうそう、YouTube もやっているからさ……

そう言いながら正隆は、相変わらず冷ややっこひとつで生ビールをどんどん飲んでいる。

　3人とも卒業してそれほど間もないのに、話しぶりは学生時代と比べるとずいぶんと大人になったように思えた。

章夫：で、岩川さんは？

裕子：わたしはいま論文を書いているところ。ちょっと行き詰まっていて、それもあって気晴らししたかったんだ。今日はありがとう。

本音だった。指導教官の足利先生は、論文指導になると、いっそう熱く、また厳しくなった。挫折して辞めていった同期もいた。

裕子：人口減少で大学もたいへんみたい。いま足利先生は学部長だから、ものすごく忙しくて、お疲れのよう。先日も「会議ばっかりだー」と言ってため息をついていた。学会でもいろいろなお仕事をまかされているみたい。ずいぶん白髪になったよ。

と写メを見せると、3人は「おー」「懐かしい！」「ちょっと老けた？」「あれ？　髪の毛を後ろで縛っているけど、まだ若手ぶってるんだね」などと盛り上がった。

　足利先生の話でひとしきり盛り上がったあと、章夫が聞いてきた。

　章夫：仕事の関係で聞きたいんだけど、ウクライナとロシアのことってどうなるんだろう？　エネルギーの供給が変わってしまって、たいへんなんだよね。

さすがに「将来を嘱望される」と聞いた章夫だ。昔から目立ちはしないが堅実に成果を積み重ねるタイプだった。裕子はふたりで仲良く過ごした思い出で我を忘れそうになる自分を引き戻そうと、必死に話しかけた。

　裕子：わ、わたしは直接の専門ではないから、よくわからないです。いろいろな情報が入ってはくるけど、はたしてどれを信用していいのか……。

裕子は、いまなお章夫のことを思っていることに気がついてしまった。そのせいか話せなくなってしまった。しかし、裕子の想いとは無関係に会話は進んでいった。

　勝之：たしかになぁ。ネットで情報のソースが多くなったし、いろいろコメントがついてくるし。
　章夫：いちおうヨーロッパの事務所やEUの関係者から情報は入るみたいだけど、戦局の話とかになると、双方が「有利だ」と言ってたりするよね。それをどう報道するか、メディアの責任は大きいね。

（たしかに最近、メディアの過去の姿勢を問いただすような事件があったな。メディアの役割は重要なテーマだ。それはそうと、伊郷さんっていまお付き合いしている人いるのかな……）

裕子は静かに思った。しかしいま自分がすべきことは論文を書くことだと思い直した。すると、「おー、遅れてごめん、ごめん！　おー、みんな、元気だったか？」と懐かしい声が聞こえた。合同合宿で夜中まで響くあの声だ。

　勝之・章夫・正隆：足利先生！　ご無沙汰しております！

もし来れればと、足利先生に裕子が連絡を入れておいたのだ。
みな、嬉しそうだ。

（これからゆっくり話していこう。この時間が続きますように）

そう裕子は思った。

2月 第1週　情報と国際政治（プロパガンダ）とはなにか

ファシズムとプロパガンダ

　プロパガンダという用語はもともとカトリック教会によるキリスト教の、布教や宣教活動を意味する言葉に起源がある。現在でもバチカン内にプロパガンダ省なるものが存在し、日本語では宣教省と訳されている。語源はそうではあるものの、今日プロパガンダという場合、あらゆる宣伝や広告、広報活動、政治活動が含まれると考えられている。利益追求者（政治家・思想家・企業人など）や利益集団（国家・政党・企業・宗教団体など）、なかでも人びとが支持しているということが自らの正当性の証であると主張する者にとって、支持を勝ち取り維持し続けるためのプロパガンダは重要である。対立者がいる場合、プロパガンダは一つの武器である。自勢力やその行動の支持を高めるプロパガンダだけでなく、敵対勢力の支持を自らに向けるためのもの、敵対勢力の支持やその行動を失墜させるためのプロパガンダも存在する。いわゆるネガティブ・キャンペーンである。

　古くは古代ギリシア・ローマ時代、そしてすでに述べたカトリック教会の布教活動、特に宗教改革以降の対抗宗教改革による欧州外での宣教活動もプロパガンダであるが、近代的な文脈では 20 世紀初頭のロシア革命ではプロパガンダが思想用語として用いられ、積極的に利用された。レーニンの率いるソ連や、ソ連の共産主義に対抗する勢力として出現し、国家社会主義を掲げた国民社会主義ドイツ労働者党（ナチ党）によるナチス・ドイツでは特に、情報統制と組み合わせた大規模なプロパガンダが行われるようになった。ナチス・ドイツの前に政権を掌握したイタリアのムッソリーニによるファシズム体制では、映画、出版、放送、絵画、彫刻、スポーツなどのいわゆる文化活動全般にプロパガンダが広く拡大し、「柔らかいファシズム」と呼ばれた。その後、ドイツのナチ党が政権を握ると、指導者であるヒトラーは特にプロパガンダを重視し、ゲッベルスを大臣とする国民啓蒙・宣伝省を設置した。この宣伝省が使った手法は、ムッソリーニが用いたものの模倣に始まったが、ナチ党によるドイツとその勢力圏における独裁体制を維持しつづけることに

貢献した。

　これらドイツやイタリアと第二次世界大戦中に同盟国であった日本でも、植民地支配の正当化のための大東亜共栄圏のスローガンや、国内での言論統制や世論操作、また兵力動員のための凄まじいプロパガンダが組織的に行われた。

民主主義国におけるプロパガンダ

　こうしたファシズムやナチズム、軍国主義との結びつきのため、プロパガンダという言葉は一種の反民主主義的な価値を内包すると否定的な文脈で理解される場合もある。だが、実は、あらゆる国、民主主義国家でも権威主義国家でも軍事独裁国家でも、多かれ少なかれプロパガンダは用いられている。

　英米における研究では、プロパガンダを大きく五つに分類している。ホワイト・プロパガンダ（情報の発信元がはっきりしており、事実に基づく情報で構成された宣伝行為）、ブラック・プロパガンダ（情報の発信元を偽ったり、虚偽や誇張が含まれる宣伝行為や情報の拡散）、グレー・プロパガンダ（発信元が曖昧であったり、真実かどうか不明なプロパガンダ）、コーポレート・プロパガンダ（企業が自らの利益のために行うプロパガンダ）、カウンター・プロパガンダ（敵のプロパガンダに対抗するためのプロパガンダ）である。

　イギリスは、第一次大戦中にアメリカの参戦を促すためにドイツ軍がベルギーの子どもの腕を切り落としたという嘘の情報を流した（ブラック・プロパガンダ）。これが嘘だったことが戦後発覚したことで、一時期アメリカとの関係が悪化するほどであった。これへの反省から、イギリスはホワイト・プロパガンダの担い手を設立した。ブリティシュ・カウンシルである。この組織はいまも存在し、イギリス英語の教育機関としても知られている。戦間期にはアメリカでのマグナカルタの展覧会やイギリス俳優のハリウッド進出、王室のアメリカ訪問など、英米の歴史的・文化的価値観の共有を強調した政策を行った。いわゆる文化外交や広報外交にあたるものであるが、こうした活動もホワイト・プロパガンダの一環とされ、英米では外交政略としても位置づけられている。

企業とプロパガンダ

　コーポレート・プロパガンダ（企業プロパガンダ）は、企業がその活動やブランドイメージに関する市場・消費者意見を操作するために行うプロパガンダの一種である。著名人が企業の製品やサービスに対して支持を表明することで、好意的な印象形成に影響する。このようなコーポレート・プロパガンダは、フロイトの甥であるエドワード・バーネイズの著書『プロパガンダ』（1928年）で解説されている。バーネイズは、広報の専門家として、一般大衆は簡単に扇動され幼稚であるとし、大衆向けのイベントやメディアで有名な俳優を起用した。その影響力を駆使して大衆の意思決定を操り、大衆行動をクライアントの利益に結びつけたのである。叔父であるフロイトによる、人間の潜在的な欲求に関する心理学理論を応用して、バーネイズは大衆心理学を確立した。実際はなんの利益ももたらさない商品を一般大衆が自ら買い求めるように仕向けることに成功し、そのプロパガンダの手法を進化させていった。現在も多用される有名人の広告への起用や、偽科学を一見科学的な主張のようにみせる広告など、消費者の購買意欲を掻き立てる大衆操作に関する手法は、バーネイズの開発したミーム論を利用した広告戦略に基づいたものである。彼の著書『自我の世紀』に、その方法論の多くが言及されている。

国家によるプロパガンダ

　宗教組織や企業、政党などの組織に比べて、強大な権力をもつ国家によるプロパガンダは、その影響が大規模となる。国策プロパガンダの手法はナチス体制下のドイツ、大東亜戦争直前・戦中の日本、太平洋戦争直前・戦中のアメリカ、革命下のロシアや戦後のソ連、中華人民共和国など全体主義・社会主義の国のみならず、多くの資本主義諸国でも発達した。

　どのような形態の国家にもプロパガンダは多かれ少なかれ存在するが、社会主義国家やファシズム国家、開発独裁国家など、情報を国家が集中して管理できる場合には、国家のプロパガンダの威力は強大なものとなる。また、特定のグループが政治権力とメディアを掌握している国でも同じことが起こる。こうした国では、国家のプロパガンダ以外の情報を入手する手段が制

限され、プロパガンダに虚偽や歪曲が含まれていたとしても、ほかの情報によって情報の精度を判断することが困難である。そしてこうした国家では、教育とプロパガンダが表裏一体となる場合もある。初等教育レベルから国民に対して政府や支配政党への支持、ナショナリズム、国家防衛の思想などを擦り込むことにより、国策プロパガンダの威力は絶大なものとなる。

　現在では、こうした国家が情報を統制すればするほど、また国内向けのプロパガンダが効果を発揮すればするほど、自由な報道が保障されている諸外国のメディアからは疑惑の目で見られ、そのプロパガンダが国外ではまったく信用されないという背理現象も起こりうる。たとえば2022年にロシアがウクライナに軍事進攻したことで起きた戦争については、ロシアの政権寄りメディアの報道はほとんどがプロパガンダであり、諸外国ではフェイクニュースとしてまったく信用されていない。また、これら国家のプロパガンダは、国家や政府機関、政党などが直接手がけるとは限らない。民間団体や民間企業、個人が自主的、受動的、または無意識に行う例もある。たとえば、日本では、選挙キャンペーンに大手広告代理店が動員されるなどの事例がある。

課題

1．プロパガンダは歴史のなかでどのように形成されてきたのか、調べてみよう。
2．民主主義国家と権威主義国家のプロパガンダの違いはなにか、考えてみよう。

読書案内

貴志俊彦『帝国日本のプロパガンダ——「戦争熱」を煽った宣伝と報道』（中公新書、2022年）
日清戦争から太平洋戦争まで、国力総動員のための日本のプロパガンダの歴史を扱う。

佐藤卓己『現代メディア史』（岩波書店「岩波テキストブックス」、1998年、新版2018年）
国民国家の形成と、新聞・ラジオ・映画・出版・テレビなどのメディアの発展の関係を明らかにする一冊。

佐藤卓己著『『キング』の時代——国民大衆雑誌の公共性』（岩波現代文庫、2002年）

戦前から戦後にかけて、大衆娯楽・教養雑誌『キング』が最も売れていた時代について論じる。

（松本佐保）

卒業式

そして 4 年の月日が流れた。

学部長の足利が卒業式の祝辞として以下のように述べた。

2020 年代は、われわれ人類に二つのものが与えられて幕を開けました。一つはコロナウィルスです。奇妙な病状はもちろんのこと、政治不信、社会的分断、陰謀論、ポピュリズムに財政赤字と多くの政治上の課題ももたらしました。ウクライナ戦争の遠因の一つになったという指摘もあります。

もう一つは AI です。将棋などのゲームはもちろんのこと、自動翻訳や画像生成も人間を凌駕しつつあります。自動運転技術の普及も時間の問題でしょう。そして、生成 AI の登場は、「頭脳労働者」の仕事のあり方を大きく変えるでしょう。コロナ禍において、AI は、飛沫計算や感染者数予想にも用いられました。深まる政治不信とも相まって、政治家を AI に置き換えるべきだという声すら聞こえます。

AI はたいへん強力で魅力的であり、人類は、これをうまく活用していくべきでしょう。そのためにも、AI の強みと弱みを理解する必要があります。AI の発展はすさまじいので、将来どうなるか予言できませんけれども、しかし、現時点では、AI の本質は、膨大なデータに支えられた統計といえます。つまり、何度も発生する事象において、もっともらしいことを示すことが AI の強みです。たとえば、「流し」のタクシーに対して、天気・時間・曜日の条件を入力された AI は、お客さんを拾える可能性が高いルートを示してくれます。

逆にいえば、AI の弱みは、数量に意味を与えること、あまり起きないこと（Small N）、そして規範の提示の三つです。順に考えていきましょう。一つ目に、意味を与えることです。われわれは、さまざまな断片的事実を縫合して、解釈を与え、意味を理解します。たとえば、友達からの LINE の返事

が急に遅くなった場合、遅くなったという事実の向こうに、「なにかあった
のではないか」、「気に障ることをしてしまったのではないか」と考えます。
しかし少なくとも現時点の AI は、遅くなったという事実の集計にとどまり
ます。最新の AI は、意味を提示しているようにもみえますが、これは既存
の意味を統計的に集計して、通説を提示しているにとどまります。新しい意
味を生み出すのは、人間の役目です。

　二つ目に、あまり起きないこととは、データ量が十分ではないため、数学
的に検証することができないことを指します。たとえば、戦争は有史以来何
度も起こってきてしまったため、1 人当たり GDP とか、政治体制や文化の
相違が戦争をもたらしてしまうのではないかという仮説を検証することがで
きます。しかし、核兵器が戦争で使われたのは一度しかありませんので、核
兵器が使われる仮説はいろいろと考えられるものの、いずれも仮説の域を出
ません。

　三つ目に、規範の提示も AI が苦手にするところです。「どのように生きる
べきか」、「どのような社会を目指すべきか」という問いに客観的正解はない
からです。たとえば、福祉と税負担のトレードオフ関係において、どのあた
りを最適と考えるかは人によって異なります。時代が変わっても、人びとの
考え方は変化するでしょう。

　これらの弱みをふまえれば、コロナ禍に対して AI が発揮できる能力に限
界があることも理解できるでしょう。コロナとは、「Catastrophe」（ビル・ゲイ
ツ氏）なのか、「新型インフルエンザ等」なのか、「ただの風邪」なのか、ま
た、コロナ禍とは、自分勝手な人の可視化なのか、政府の無力さなのか、犠
牲の不均衡な配分なのか、人によって意味づけはさまざまです。コロナは、
類似事例も限られています。どうすればよいか、確たる答えはありません。
しかし、不確実ななかでも、われわれはどうするかを決める必要があります。
そして、決める際に AI は黙ってしまいます。コロナ対策は、突き詰めれば、
安全と自由の葛藤のなかにありますが、どちらが正しいのか、自明の答えは
ないからです。人が政治という営みを通じて、決定していかなければならな
いのは変わりません。

　したがって、政治家の役目もなくなってしまうわけではありません。政治

家は、自身の政治生命を賭して、意味と解決策を有権者に訴え、政治的決定を策定していく必要があります。それにわれわれ有権者も応える必要があります。社会は自分ひとりで成り立っているわけではないので、自分の意見が通ることはむしろ稀であって、われわれは、政治に苛立ちを覚えます。それが普通です。しかし、政治なしに生きていくこともできません。AI は、与えられたゴールに向けて、最適解を出してくれますが、ゴールがなにかは人間で決めるしかありません。したがって、これからは、ますます人間の知恵と判断が求められます。ですから、卒業後も、大学で得たことを活かしつつ、学び続けてほしいと思います。

　なお、学生たちのその後について少し触れておこう。中原拓はしばらく福留幸恵のことを想いつづけ、幸恵のバイト先の居酒屋にも通い、ときには幸恵を車で送るなど、献身的に支えた。その後、何度か幸恵の好きなテーマパークへ行くなどもしたが進展がなかった。意を決して告白したものの「バイト先の店長とお付き合いしている」と幸恵に言われ、なんとなくかんづいてはいたものの、やはりショックで名古屋に戻るなどした末、なんとか卒業した。失恋の痛みから立ち直って就活は奮起し、伊郷の勤めるガス会社に就職することとなった。

　幸恵は、優秀な成績で卒業して新聞社に勤めてキャリアを積む一方、元バイト先の店長と早々に結婚し充実した生活を送っている。

　平尾正哉はいろいろな資格をとって、付属校からの先輩づきあいでコンサルタント会社を開業した。

　玉坪武子は大阪に戻り、実家が経営するアパレル大手に就職して、ヨーロッパにブランド品の買い付けに行くなど活躍している。

　岩川裕子は、修士論文を書き上げ博士課程に進学する際、伊郷章夫への想いを伝えた。章夫は仕事熱心で多忙な日々を送っていたが、裕子の想いを受けとめ、いまも時々ふたりで会い、お互いの近況を報告しあっている。ふたりの今後を見守りたい。

おわりに

　このたび『入門政治学365日』の改訂新版を刊行することができました。
「改訂するよ」と声をかけはじめたのが2022年度の頭だから、まるっと2年
を要したことになります。この間、旧版の問題点を探り、新しい構成を考え
て執筆メンバーに依頼するなど、コロナ禍ゆえに、オンラインミーティング、
メールを中心として作業を進めました。新しい編集委員をお願いしましたが、
「自身が授業で用いること」を前提に話し合いました。それぞれ執筆者の所
属大学が異なるので、思った以上に議論は喧々諤々となりました。また色々
な方向から意見が交わされました。そのため時間を要しましたが、その分、
少なくとも旧版よりは政治学・国際政治学の教科書として、より入りやすい
内容になったのではないかと思っています。

　どんなテキストでもそうですが、テキストをどう生かすかは、それを手に
した教師、そして学生ないし読者の方々次第だと思います。結局自分で考え
て学んでいくことがなければ、力はつかないのです。すべての読者が「一読
するだけですべてわかる教科書」は実現不可能だし、できたとしてもそれが
いいテキストであるとは限らないと思います。また教える側も、教科書に丸
投げするのではなく、各クラスのレベルに合うようアレンジしていかなけれ
ば、いい授業は展開できないでしょう。しかも国内外の情勢は流動的です。
授業の質という点は、どうしても最終的には各教室、各読者にゆだねられま
す。

　ただ、本書（改訂新版）は、そうしたなかでも、以前と比べても多くの人
に親しみやすく使いやすいものになってきたように思います。押しつけがま
しいですが、それほどこの改訂の議論、作業に労力をかけてきたことを記し
ておきたいと思います。

　なお各月冒頭の物語の意義について議論が交わされましたが、関連する単
元でアイスブレイク的に使っているという声があったので紹介しておきます。

今回物語の内容もコロナ明けの大学生の実際に近づくよう議論をかさねました。「ある、ある」でも「あるわけない」でもいいので、ブツブツ言いながら目を通してみてください。

　今回もナカニシヤ出版の酒井敏行さんに大いにお世話になりました。いつもありがとうございます。

　本書をきっかけに政治学や国際政治学に触れた方が知識を得て、思考力を高めるのみならず、興味をもって勉強して、それぞれの夢や目標をかなえることができる、そのお手伝いができれば、私たちはとても嬉しく思います。みなさんお一人おひとりの（大学）生活を応援しています。

　2024 年 4 月　編者を代表して

松 尾 秀 哉

執筆者紹介（執筆順、＊は編者）

大園　誠（おおぞの　まこと）　4月第2週、5月第2週、6月第2・4週
同志社大学人文科学研究所嘱託研究員（政治学、政治思想史）。1971年生まれ。名古屋大学大学院法学研究科博士課程単位取得満期退学。『模索する政治——代表制民主主義と福祉国家のゆくえ』（分担執筆、ナカニシヤ出版）、『戦後思想の再審判——丸山眞男から柄谷行人まで』（共編、法律文化社）、『「戦後民主主義」の歴史的研究』（分担執筆、法律文化社）、『南原繁における学問と政治』（分担執筆、横濱大氣堂）、ほか。

＊松尾秀哉（まつお　ひでや）　4月第2週、7月第2・4週、9月第4週、2月第1週
龍谷大学法学部教授（西洋政治史）。1965年生まれ。東京大学大学院総合文化研究科博士課程修了。博士（学術）。『ベルギー分裂危機——その政治的起源』（明石書店）、『物語ベルギーの歴史』（中公新書）、『紛争と和解の政治学』（臼井陽一郎と共編、ナカニシヤ出版）、『ヨーロッパ現代史』（ちくま新書）ほか。

森分大輔（もりわけ　だいすけ）　4月第3週、5月第1週
聖学院大学政治経済学部教授（西洋政治思想史）。1968年生まれ。成蹊大学大学院法学政治学研究科博士課程満期退学。博士（政治学）。『ハンナ・アレント研究——〈始まり〉と社会契約』（風行社）、『ハンナ・アーレント——屹立する思考の全容』（ちくま新書）ほか。

石川裕一郎（いしかわ　ゆういちろう）　4月第4週、夏休み
聖学院大学政治経済学部教授（憲法学、比較憲法学、フランス法学）。1967年生まれ。早稲田大学大学院法学研究科博士後期課程単位取得満期退学。『憲法判例百選Ⅱ〔第7版〕』（分担執筆、有斐閣）、『リアル憲法学〔第2版〕』（分担執筆、法律文化社）、『フランスの憲法判例Ⅱ』（分担執筆、信山社）、『フランス憲法と社会』（分担執筆、法律文化社）、『緊急事態条項で暮らし・社会はどうなるか』（共編著、現代人文社）、『裁判員と死刑制度』（編著、新泉社）、『フランス法律用語辞典［第3版］』（共訳、三省堂）、ほか。

＊中田晋自（なかた　しんじ）　5月第3週、6月第1週、冬休み
愛知県立大学外国語学部教授（政治学）。1970年生まれ。立命館大学大学院法学研究科博士後期課程単位取得満期退学。博士（法学）。『フランス地域民主主義の政治論——分権・参加・アソシアシオン』（御茶の水書房）、『市民社会を鍛える政治の模索——フランスの「近隣民主主義」と住区評議会制』（御茶の水書房）、ほか。

＊小副川琢（おそえがわ　たく）　5月第4週、11月第2週、12月第1週
日本大学国際関係学部准教授（国際関係論、中東地域研究）。1972年生まれ。英国立セント・アンドリュース大学大学院国際関係学研究科博士課程修了。Ph. D.（国際関係論）。*Syria and Lebanon: International Relations and Diplomacy in the Middle East*（I. B. Tauris）、'Coping

with Syria: Lebanese Prime Ministers' Strategies'（Syria Studies）、『世界情勢を読み解く国際関係論——主体・歴史・理論』（五月書房新社）、ほか。

＊柳原克行（やなぎはら　かつゆき）　6月第3週、7月第1週
大同大学情報学部総合情報学科教授・教養部教授併任（政治学、現代カナダ政治）。1971年生まれ。立命館大学大学院法学研究科博士後期課程修了。博士（法学）。『連邦制の逆説？——効果的な統治制度か』（共編、ナカニシヤ出版）、『模索する政治』（分担執筆、ナカニシヤ出版）、ほか。

川島佑介（かわしま　ゆうすけ）　7月第3週、卒業式
茨城大学人文社会科学部准教授（行政学）。1983年生まれ。名古屋大学大学院法学研究科博士課程修了。博士（法学）。『都市再開発から世界都市建設へ』（吉田書店）、*Civil Defense in Japan*（共編著、Routledge）ほか。

＊平賀正剛（ひらが　まさたか）　9月第4週
愛知学院大学経営学部教授（会計学）。1971年生まれ。早稲田大学大学院商学研究科博士課程単位取得退学。修士（商学）。『現代会計の基礎と展開』（分担執筆、中央経済社）、『会計研究の挑戦』（分担執筆、中央経済社）、ほか。

＊小松﨑利明（こまつざき　としあき）　10月第1・2・3・4週
天理大学国際学部准教授（国際法、平和研究）。1974年生まれ。国際基督教大学大学院行政学研究科博士後期課程博士候補資格取得退学。『EUの規範政治』（分担執筆、ナカニシヤ出版）、『体験する法学』（分担執筆、ミネルヴァ書房）、ほか。

＊臼井陽一郎（うすい　よういちろう）　11月第1・3週、1月第3週
新潟国際情報大学教授（EU政治）。1965年生まれ。早稲田大学大学院経済学研究科博士課程単位取得退学。『EUの世界戦略と「リベラル国際秩序」のゆくえ——ブレグジット、ウクライナ戦争の衝撃』（編著、明石書店）、『変わりゆくEU——永遠平和のプロジェクトの行方』（編著、明石書店）、ほか。

林　明仁（はやし　あきひと）　11月第4週
上智大学アジア文化研究所客員所員。1979年生まれ。東京大学大学院総合文化研究科博士課程単位取得退学。『紛争と和解の政治学』（分担執筆、ナカニシヤ出版）、ほか。

金　敬黙（キム　ギョンムク）　12月第2週
早稲田大学文学学術院教授（グローバル・アジア研究）。1972年生まれ。東京大学大学院総合文化研究科博士課程修了。博士（学術）。『越境するNGOネットワーク』（明石書店）、

『紛争と和解の政治学』（分担執筆、ナカニシヤ出版）、ほか。

松本佐保（まつもと　さほ）　1月第2・4週、2月第1週
日本大学・国際関係学部・教授。慶応義塾大学大学院修士、英国ウォーリック大学大学院
博士号（PhD）。『バチカンと国際政治』（千倉書房）、『バチカン近現代史』（中公新書）、
『熱狂する神の国アメリカ』（文春新書）、『アメリカを動かす宗教ナショナリズム』（筑摩
新書）、*Vatican and Permanent Neutrality*（共著、Lexington Books）、ほか。

入門　政治学 365 日〔改訂新版〕

2018 年 4 月 25 日　初　　版第 1 刷発行　　（定価はカバーに
表示してあります）
2024 年 5 月 10 日　改訂新版第 1 刷発行

	中田晋自　　松尾秀哉　柳原克行
編　者	臼井陽一郎　　小副川琢
	小松﨑利明　　平賀正剛
発行者	中西　良
発行所	株式会社ナカニシヤ出版

〒 606-8161 京都市左京区一乗寺木ノ本町 15 番地
TEL 075-723-0111　FAX 075-723-0095
http://www.nakanishiya.co.jp/

装幀＝宗利淳一デザイン
印刷・製本＝創栄図書印刷
© S. Nakata, H. Matsuo, K. Yanagihara, Y. Usui, T. Osoegawa,
T. Komatsuzaki, M. Hiraga et al. 2024
Printed in Japan
＊落丁本・乱丁本はお取り替え致します。
ISBN978-4-7795-1804-1　C1031